PIVI

Traudel Thalheim

ZULUS, NAPOLEON UND DIE REISE ZUM MOND

Reiseerzählung

Plöttner Verlag
Leipzig

Bibliografische Informationen der Deutschen
Nationalbibliothek: Die Deutsche Bibliothek verzeichnet diese
Publikation in der Deutschen Nationalbibliografie; detaillierte
bibliografische Daten sind im Internet über www.dnb.de
abrufbar.

Alle Rechte der deutschen Ausgabe:
© 2014 JONAS PLÖTTNER VERLAG UG, LEIPZIG

1. Auflage
ISBN: 978-3-95537-141-8
E-Book: 978-3-95537-154-8
Umschlagreihengestaltung: Maike Hohmeier, HAMBURG
Umschlag: Jonas Plöttner, unter Verwendung eines Fotos
von Traudel Thalheim
Satz: Jonas Plöttner
Gesetzt in der Adobe Garamond Pro
Druck: In der EU

www.ploettner-verlag.de

Seychellen,

Komoren, Mauritius,

Madagaskar,

Mocambique,

Häfen der Südroute von Ostafrika,

Kapstadt, Südafrika, Namibia,

St. Helena,

Acension, Kap Verden Senegal,

Gran Canaria

Teneriffa, Lanzarote,

Marokko, Gibraltar,

Malaga

Zur Autorin:

Traudel Thalheim studierte Journalistik, arbeitete als Redakteurin, Autorin, Pressereferentin. Seit Jahren schreibt sie neben anderen journalistischen Arbeiten eine wöchentliche Kolumne für die Leipziger Rundschau. Ihr erstes Buch »Götter, Wodka und Piraten«, das mehrere Auflagen erreichte, entstand während ihrer 124-tägigen Weltreise mit dem Schiff von Nizza nach Venedig. Jetzt erzählt sie über ihre Afrika-Reise.

Zum Buch:

»Bereits nach den ersten Seiten packt uns das Buch und nimmt uns per Schiff mit auf einen Kontinent zwischen faszinierender Tradition und verblüffender Moderne. Spannend und mit einem Augenzwinkern lässt uns die Autorin teilhaben an ihrem eigenen, großen Abenteuer unter sengender Sonne, in einzigartiger Natur. Der Schrei der Affen durch die Wildnis oder weiße, endlos scheinende, sanfte Strände, wilde Klippen und lächelnde Zulu Mädchen zwischen Stammesriten und Jeansmode sind die Teile eines hinreißenden Reise-Kaleidoskops. Zu den eindrucksvollen Kontrasten gehört Kapstadt südlich des Äquators, als eine der schönsten Städte der Welt mit der grandiosen Kulisse des Tafelbergs, Neorenaissance und britischem Kolonialstil, Jazzkneipen in allen Stadtteilen und Brillenpinguinen am Strand Boulders Beach. Im Zeitraffer stehen wir nach amüsanten Missverständnissen und schillernden Begegnungen am Cape of Good Hope, Vasco da Gama und Napoleon kommen ins Spiel. Der mitreisende Schriftsteller Werner Heiduczek möchte unbedingt St. Helena ansteuern, die Insel des großen Imperators Napoleon, auf die er nach der Niederlage in Waterloo verbannt wurde. Sie ist 1859 km von West-Afrika entfernt und besitzt weder einen Hafen noch eine Fluglandebahn. Wird sich der Traum realisieren lassen auf dieser abenteuerlichen Reise?«

Regine Möbius
stellvertretende Bundesvorsitzende des Verbands Deutscher Schriftsteller und Vizepräsidentin des deutschen Kulturrates

INHALTSVERZEICHNIS

Alles Klar – Vorn und Achtern	
Fahrt durch den Suezkanal mit dem Handelsschiff	
MS Schwarzburg	13
Afrika hatte mich nie gereizt	21
Ist das tatsächlich der Gucker?	22
Tatjana zaubert aus Handtüchern kleine Schiffchen	23
War der Playboy doch kein Spinner?	24
Kokosnüsse ähneln Unterleib einer Frau	25
Auf dieser Pfeife darf nur der Bootsmann	
und der Wind pfeifen	26
Porzellanhündchen oder Pulle Wodka	27
Kapitänstisch – Traum mancher Passagiere	28
Willkommensparty mit Mendocino	29
Schlamm-Maske schützt und verschönt	30
Halsbrecherisch zu den Affen	31
Frauen haben hier das Sagen	32
Singend geht's zu den Lemuren	33
Chamäleon zutraulich – Sandflöhe auch	35
Hätte uns das Leben kosten können	35
Bei La Paloma sagt der Gucker Sorry	36
Eine Geschichte geht so …	38
Gipfelstürmer an Bord	39
Nicht Pest, sondern Sturm	40
Pech oder Glückstag	41
Blutwäsche an Bord	43

Heiße Rythmen, Traumstände, Vulkane	43
Ein Küsschen besiegelt das Malheur	44
Wodka gegen Windstärke 8	46
Sextanten, aufgetakelte Fregatten – Gucker in seinem Element	47
Durch Seegang zwei Kilo weniger	49
Stippvisite in Maputo	49
Paradies ohne Negerküsse und Schnee	50
Tanzen, Essen, Tratschen	51
Eine Runde auf dem Strauß	52
Ein Aquarell für den Wildhüter	53
Tiere in freier Wildbahn	54
Kurzweil und Anstand	56
Köche tanzen Schwanensee	56
Tafelberg grüßt von weitem	58
Hochzeit zweier Ozeane und singender Fisch	59
Wegen Sturm geschlossen	61
Von Kapstadt nach Island	62
Passagiere singen sich selbst die Abschiedsmelodie	63
Positiv denken – in jeder Lebenslage	63
Der alte Seemann kann nachts nicht schlafen	64
Seekrankheit lässt grüßen	65
Emma sei Dank	65
Seit 40 Millionen Jahren tot und doch lebendig	66
Elf Kühe für die Braut	68

Aus Schuhtick wird große Liebe	69
Turm erinnert an erste Siedler	72
Ein zweites Mal Kapstadt	73
Geld aus der Wand	74
Vom Regenwald nach Paris	75
Feuer und Zwölf-Gänge-Menü	76
Traumschiff – ich war dabei	78
Auf den Spuren Mandelas	78
Gucker trauert noch immer um Peter	79
Hat ein Schiff eine Seele?	81
Denkste ich bin ein Spinner?	82
Meilenschwindel, Diamantenfelder und Havanna	83
Bekanntschaft mit einer Zweitausendjährigen	85
Haben Sie schon Luther besucht?	87
Seebär schubst und anderer Klatsch	88
Mit vier Frauen …	90
Zum Wohl auf Neptun	90
Ein Sprung vom Boot zum Kai – wie einst Kaiser Napoleon	91
Heute noch immer Pilgerstätte	92
Wie hat Napoleon das verkraftet?	93
Kaffeebohnen und Briefmarken – zwei Insel-Kostbarkeiten	94
St. Helena Traum erfüllt	96
Hochzeitsmahl – Erbsen mit Speck	96
Teufelsgeiger flirtet mit weißem Hai	97
Der Gucker im Smoking – was steckt dahinter?	98

… da machen sich Fische aus dem Staub	101
Diese Briefmarken – eine echte Rarität	102
Hier auf dem Mond gelandet?	103
Heiß und karg	104
Türen schließen wegen der Esel	105
Feucht fröhliche Äquatortaufe	106
Peitschenhiebe, Folterbank – demütigendes Ritual	107
Bus hält an fast jeder Haustür	108
Eine glückliche und eine weniger glückliche Begegnung	110
Unser Gute-Nacht-Ritual	112
Malheur mit den Dritten	112
Wetter, Wellengang, Klabautermann	114
Dafür erlebt ihr mich	115
Spiele ohne Grenzen	116
Kamelspuke zum Abschied	118
Wunderbarer Duft!	119
Einstein – ein guter Ratgeber	120
Beinahe das Schiff verpasst	121
Fischmarkt-Trubel in Agadir	122
Schau mir in die Augen, Kleines	123
Brückenparty bei Gibraltar	124
Tschüss dem Gucker und Klabautermann	125
Abschied und Orchideen	127
Fotos zur Reise	128

Autorin Traudel Thalheim mit Schriftsteller Werner Heiduczek

Alles klar – Vorn und Achtern

Fahrt durch den Suezkanal mit dem Handelsschiff MS Schwarzburg

Die Schiffe sammeln sich vor Port Said wie Vögel im Herbst. Das Meer ist gelb, wie die Haut eines mongolischen Araten. Der Nil speit die Wüste aus. Glücklich der Fluß, der seinen Namen ändert mit den Ländern, seine Arme ins Meer taucht, sich kühlt und reinigt von Sand und Schlamm und Geröll. Der Angebetete, der Verfluchte, der Blühende und Blutende, sechstausendsechshunderteinundsiebzig Kilometer heimatlos, zerrissen, müde, alt. Aber er kommt an.

Immer wieder das Stimmenbabel aus dem Empfangsgerät: »Port Said Pilot, Port Said Pilot, here is motorvessel Delta, Ixray, Mike, are you reading?« Port Said Pilot hört nicht. Es ist Mittag, der Himmel wolkenlos, ein weites Blau. Das Thermometer zeigt dreißig Grad. Einen Tag schon rufen wir. Aber hier gilt nicht die Bibel. Allah ist der Herr und Port Said Pilot sein Prophet. Inschallah.

Die Sonne stürzt hinter die Stadt. Die Mondsichel legt sich waagerecht. Die Nacht kommt früh.
Ich lege mich auf die Backskiste. Mir geht das idiotische »roling home« nicht aus dem Kopf. Wir sind voll-

gepumpt mit Banalitäten, so basteln wir Theorien über das Erhabene: Mensch – wie stolz das klingt. Flucht? Nennt es so. Ich bin geflohen: vor den Umarmungen des Erfolgs, den Tritten des Mißerfolgs, dem Hochmut, der Demut. Ach, ihr Kritiker, denen die Karteikästen bereitstehen, die Zeitungsseiten offen, die Akademien, Büros und Klubs, es gibt Augenblicke, da möchte ich mich in eure Arme werfen und rufen: Meine Seele ist wundgelaufen. – Die Illusionen sind eine gütige Mutter, Brunnen in der Wüste des alltäglichen Alltags.

Sieben. Sieben ist eine gute Zahl, Freunde. Sie erinnern an Schneewittchen und an die sieben Raben, die sieben Geißlein und das siebte Paradies. Wenn ihr nicht werdet wie die Kinder, wahrlich, ich sage euch: Die Ämter setzen euch Masken auf, die Versammlungen fressen eure Hirne. Die Sitzungen machen euch impotent. Lest die Zeitungen, aber vergeßt nicht die Seite mit der stillen Trauer, plötzlich, für alle unfaßbar. Sein Tod war berechenbar. Unsere Pläne sind exakt und verbesserungswürdig.

Es geht los. Es ist schon losgegangen. Drei Uhr morgens. Wir sind Nummer sieben im Konvoi.

Nummer sechs ein Liberianer. Nummer acht ein Grieche. Eine gefährliche Umarmung.

Hafenkapitäne schrecken die Schleusenmeister auf mit dem Ruf: Ein Grieche kommt! Und Frankreich wird blaß, meldet sich ein liberianischer Öltanker. Leuchtbojen: steuerbord grün, backbord rot. Alle dreißig Sekunden der Lichtkegel des Leuchtturms. Afrika bleibt eine Ahnung.

Der Himmel ist graublau. Ein Minarett, zerschossene Häuser, der scharfe Wind von der Wüste her.
Der Kanalscheinwerfer von Delta, Delta, Ixray, Mike fängt die Kaimauer ein und die Palmen.

Alle Schotts sind verschlossen, alle Kojen verriegelt. Nur vom Hauptdeck aus bleibt ein Zugang ins Schiff. Welcome to Egypt!

Warum soll ich es leugnen? Der Kanal enttäuscht mich, wie mich Damaskus enttäuscht hat, als ich vom Flugzeug aus auf die steinerne Blässe herabschaute und Moskau im Regen, Kalkutta in seiner stinkenden Trockenheit. Und während ich das hinschreibe, sinne ich darüber nach, warum ich alles zweimal leben muß, um Schönes schön zu finden und Häßliches häßlich. Denn ich werde erst wieder die Rückkehr von Suez nach Port Said brauchen, die Fahrt vom Mittag bis zum Abend – Ismailia schon jenseits der Sonne, die Moschee eine Erinnerung an »Tausend und eine Nacht« – um das gleiche neu zu entdecken. Aber wann ist uns schon das Glück der Wiederkehr beschieden?

So leben wir mit falschen Sehnsüchten, verstümmeltem Wissen, überhitzten Hoffnungen. Mir sind zu viele begegnet, die in der Vergangenheit lebten oder in der Zukunft, die Gegenwart erschreckte sie.
Der Morgen ist kalt. Bis zum Bittersee hin friere ich, obwohl doch die Mannschaft vom heutigen Tage an

Tropenzulage erhält. Der Bootsmann vertröstet mich aufs Rote Meer. Vom Peildeck aus im Osten Sinai, weit und breit leer, der Sand kamelfarben. Hier und da Zelte, davor Soldaten. Sie frieren wie ich. Die eingegrabenen Flakgeschütze frieren, und die eingegrabenen Panzer frieren.

Die Soldaten kauern vor brennenden Scheiten. Der Westen gibt sich freundlich zivil.
Beduinen in ihrem schwarzen Burnus, zwischen Palmen eine Straße, ein weißer Bus, ein Eselsreiter. Der Liberianer vor uns nimmt die Fahrt zurück. Wir drohen aufzulaufen. Ich höre unseren Lotsen fluchen. Dann heult das Typhon. Die Anleger, die noch im Dunkeln mit ihren zwei Booten an Deck gehievt wurden, stört der Lärm nicht. In Decken vermummt, schlafen sie, wo immer sie Platz finden. Der Gang zur Kombüse ist verstopft. Gegen Mittag wird er zum Basar. Operettenramsch. Da fallen nur noch Lehrlinge darauf herein und der Politoffizier, ein braver Schlosser aus Rostock, der seine erste Fahrt macht.

Ich frage den Käpt`n, warum das »Tor der Tränen« Tor der Tränen heißt. Er sagt: »Hier beginnen die Seeleute an die Kanaldurchfahrt zu denken.«

Neunzehn Uhr Suez. Nachts um zwei passieren wir die Bohrinseln. Die gleichen nächtlichen Sonnen wie im fernen Tjumen längs des Obs über der Taiga.

Am Erdöl hängt, zum Erdöl drängt doch alles. Wir Armen! Eine Fackel wirft uns ihr Licht lange nach. An

Stelle des Mondlichts eine rotgolden schimmernde Bahn auf dem Wasser. Morgens sechs Uhr verlassen wir den Golf von Suez. Breite 25^{40} Nord, Länge 25^{15} Ost, Wind 5 aus Nord-Nord-West, See 4, Luft 26 Grad, Wasser 23 Grad. Vor uns das Rote Meer. Der Chief ist geizig. Er lässt die Klimaanlage noch außer Betrieb.

Der Storekeeper hat sich eine Glatze schneiden lassen. Die Hauptstewardess will an einem Nachmittag braun werden und bekommt einen Sonnenbrand. Der II. verweigert Behandlung gegen Sonnenbrand. »Zwanzigmal ist die Besatzung belehrt worden« sagt er. »Sonnenbrand ist keine Krankheit, sondern eine Form blöder Eitelkeit.« Sechs Wochen später, wenn die übliche Krise die Männer befällt, wird der II. die Hauptstewardess in sein Bett holen. Er wird dem Maschinisten G. die Frau wegnehmen.

Den vierten Tag auf dem Roten Meer. Achtern wird endlich Meerwasser in den Swimmingpool gepumpt.

Die Klimaanlagen laufen.

»Hongkong«, sagt der E-Ing., »Hongkong müssen Sie gesehen haben, gegen Abend die Silhouette.«

»Die Haifischfänger in Kuba arbeiten mit Leinen, Brettern und Fackeln,« sagt der Kapt`n. »Die Bretter und Fackeln zeigen den Ort an, dann betäuben sie den Hai mit einem Hammer.«

Der Eisbär sitzt Achtern am Schwimmbecken. »Solange es solche Nächte gibt, gibt es die Seefahrt,« sagt er. Der Mond ist wie aus Gips. Durchs Fernglas sind seine Krater und Meere deutlich zu erkennen.

Seine Kante ist schartig. Aus dem Dunkel, weit, weit über dem schwarzen Wasser eine schwache Leuchtinsel: Aden. Der Schatten eines Felsens. Drei Leuchttürme. Dann nichts als Meer. Der Mond wird weicher. Am Horizont das »Segel« und dann, zwischen Wolkenhaufen auftauchend das »Kreuz des Südens.« Ich habe fünfzig Jahre darauf gewartet.

Werner Heiduczek

Für Heidi und Günther

Afrika hatte mich nie gereizt

»Ich finde den Schatz«. Das behauptet ein Playboy-Typ hoch über den Wolken auf dem Weg zu den Seychellen so laut, damit es auch möglichst viele hören. Die zwei jungen Mädchen neben ihm hängen an den Lippen des Gernegroß. Oder ist er tatsächlich ein Schatzsucher?

Er wisse genau, dass er auf Ile Hodoul und auf Silhoutte – zwei der 115 Inseln der Seychellen – suchen müsse. Er habe Skizzen dabei, die ihm ein alter Schatzsucher kurz vor seinem Tode gegeben habe, der versicherte, er sei ganz nahe dran gewesen. Zusammen gerafft habe die Perlen, Piaster und Gold der Kosare Jean-Francois Hodoul bei Überfällen auf englische Schiffe. Er beförderte Sklaven zwischen Afrika und Mauritius. Auch die Liebe bringt der Sonnyboy ins Spiel.

Der Seeräuber habe sich in eine Einheimische auf den Seychellen verliebt, mit ihr 12 Kinder gezeugt, sich auf einer Insel festgesetzt, die heute noch seinen Namen trägt: Ile Hodoul. Als er dann noch erzählt, dass sein Freund mit der Technik für die Schatzsuche per Schiff kommt, platzt einem Passagier der Kragen. »Schluß nun mit den Märchen«. »Aber warum denn, war doch schön« bemerkt eine ältere Dame. Die Mädchen kichern …

Stewardessen reichen Getränke – ich hänge meinen Gedanken nach in Erwartung auf die Schiffsreise um Afrika. Das hatte mich eigentlich nie gereizt … Aber

Werner, mein Poet, will unbedingt nach St. Helena. Dort verbrachte Napoleon seine letzten Jahre. Nach neun Stunden setzt der Jet zur Landung an. Unter uns schimmert der Indische Ozean türkisblau. Schneeweiß der Strand. Ein Meer von Palmen. Bambushütten, Prachtbauten.

Ist das tatsächlich der Gucker?

Gegen Mittag besteigen wir die weiße Lady, mit der wir bereits durch die Karibik, die Fjorde bis ins ewige Eis, rund um Europa, über den Atlantischen Ozean schipperten.Stewardessen, Offiziere stehen zum Empfang bereit. Es weht uns ein wenig Traumschiffatmosphäre entgegen. Oft genug schon erlebt, ist es immer wieder prickelnd. Wir erobern unsere Kabinen, inspizieren die Räumlichkeiten, freuen uns über alte Bekannte, den Zahlmeister, den Restaurentchef, den Hotelchef, treffen Prominente wie den Schlagerstar Michael Holm, Opernsängerin Deborah Sasson, Extrembergsteiger Hans Kammerländer. Und den Gucker. Ist er es wirklich? Irre ich mich?

Er ist es. Passagiere einer Karibikreise nannten ihn den Gucker. Einfach deshalb, weil er achtern stundenlang aufs Meer schaute. Mit und ohne Fernglas. Was er da sehe, fragte der eine oder andere.

Der Gucker zuckte zumeist nur mit den Schultern. Das machte auf dem Schiff die Runde und den Gucker für mich immer interessanter. Damals, am letzten Tag der Reise, versuchte ich mit ihm ins Gespräch zu kommen, schwärmte von der Seefahrt. Er schaute mich mit seinen blauen Augen an, winkte ab und sagte: »Hören sie doch auf mit dem Quatsch. Die romantische Seefahrt gab es nie und wenn es sie gab, ist sie tot.« Stand auf, ließ mich einfach stehen. Mir blieb die Spucke weg.

Das passiert höchst selten. Diesmal werde ich nicht wieder bis zum letzten Tag warten, um ihn in ein Gespräch zu verwickeln. Das nehme ich mir fest vor.

Tatjana zaubert aus Handtüchern kleine Schiffchen

Aber nun erst einmal zur »Astoria«. Unserem Wohlfühlschiff. Die Besatzung kommt aus 22 Ländern. Mehr als die Hälfte ist deutschsprachiges Servicepersonal.

Tatjana, unsere Kabinenstewardess sorgt für weiche Kissen, zaubert aus Handtüchern kleine Schiffchen, Muscheln. Im Restaurant bedient uns Emiliyan aus Varna. Für Schriftsteller Werner Heiduczek, der drei Jahre in Burgas als Lehrer Deutsch unterrichtete, ist es ein besonderes Vergnügen, mit Emiliyan Bulgarisch zu reden. Emiliyan ist ein ausgezeichneter Kellner. Jahre arbeitete er in Deutschland, ehe er die Seefahrt für sich entdeckte. Den Rotwein serviert uns der Türke Urzu.

Gunar, der Küchenchef vom Prenzlauer Berg wird mit seinen 27 Köchen dafür sorgen, dass wir am Ende der Reise Probleme mit dem Rockbund haben.

WAR DER PLAYBOY DOCH KEIN SPINNER?

Wir liegen im Hafen von Victoria. Der einzigen Stadt der größten Seychelleninsel Mahe. Die Reiseleiterin macht Lust auf einen Rundgang. Wir laufen vorbei am 1903 errichteten Uhrturm. Er ist nach dem Vorbild von Little Ben gebaut. Der alte Regierungssitz erhebt sich inmitten eines prachtvollen Parks. Kathedralen, Nationalmuseum … Als die Reiseleiterin auf den Friedhof zu sprechen kommt, erzählt, dass da der Kosar Jean-François Hodoul liegt, der erst Freibeuter, dann Wohltäter war, Schiffe bauen ließ, viel für die Insulaner tat, werde ich hellhörig. »Ist das nicht der, der einst einen Schatz versteckte«, frage ich. »Genau der ist es. Immer wieder kommen Abenteurer, suchen an den zerklüfteten Küstenregionen nach dem Schatz. Ob es ihn tatsächlich gibt oder er ins Reich der Legenden gehört, keiner weiß es.« War der Playboy im Flugzeug also doch kein Spinner …

Kokusnüsse ähneln Unterleib einer Frau

Wir entscheiden uns für einen Badeausflug zur Cote d Òr, genießen die paradiesische Landschaft, tummeln uns im Meer, das kaum Abkühlung bringt bei fast 40 Grad im Schatten. Wir lustwandeln auf gewundenen Pfaden, auf denen Eidechsen, leuchtend grüne Geckos, vorbeihuschen. Hier soll es auch seltene schwarze Papageien geben, die zu hören, aber nicht zu sehen sind. Wir erfreuen uns an der Blumenpracht, bewundern Lianen, deren Blüten an Wasserkrüge mit Deckel erinnern und staunen über eine Frucht, an der ein etwas ulkig aussehender Passagier schwer zu tragen hat. »Habe ich soeben auf dem Markt erstanden. Das ist die gößte Kokusnuss der Welt, wiegt fast zwanzig Kilo« erzählt er ganz stolz auch, dass er sie in seinem Atelier auf einer Leinwand verewigen werde, ehe er sie »schlachte«. Man habe ihm gesagt, dass diese Kokusnüsse nur hier auf zwei Inseln der Seychellen wachsen.Die Palmen sind über 30 Meter hoch. Einige leben über hundert Jahre. Die weibliche Palme wird erst mit 25 Jahren fruchtbar und die Nuss braucht sieben Jahre für die Reife. Die männliche Palme gebärt einen zwei Meter langen armdicken Blütenstängel. Man erzähle sich auf den Inseln, dass in stürmischen Nächten Frau und Herr Palme Liebesspiele treiben.

»Schauen Sie doch mal. Sieht diese herzförmige Nuss nicht aus wie der Unterleib einer Frau? Das ist doch die Krönung. Und als mir der Verkäufer noch erzählte, dass in manchem Sultanat der Nussbesitz unter Todesstrafe stehe, da konnte ich nicht anders, als dieses seltsame Wesen zu kaufen.« Der Mann ist ein Maler aus Hessen.

Auf dieser Pfeife dürfen nur der Bootsmann und der Wind pfeifen

Während Achtern eine «tropicale Nacht« steigt, die Passagiere sich köstlich amüsieren, wozu das Team der Bar mit seinen Tropicaldrinks wesentlich beiträgt, stehen der ukrainische Kapitän und seine Offiziere auf der Brücke. Das Schiff nimmt Kurs auf die Komoren.

Zwei Seetage liegen vor uns. Achtern sitzt wieder der Gucker. Ein Hans Albers Typ.

Breitschultrig, graumeliertes Haar, blauäugig. Ich setze mich in seine Nähe. Er schaut mich an, sagt: »Na auch wieder mal da, Sie Romantikerin.« »Dass Sie sich an mich erinnern« entgegne ich. »Na klar, ich amüsierte mich damals, als ich Sie verschreckt hatte mit meinem Ausspruch, dass die romantische Seefahrt tot ist. Ich hatte gedacht, Journalisten sind härter verpackt. Sie sind doch Journalistin oder?« Der Gucker grient, rückt sein Fernglas in Position, wendet sich mir wieder zu, erzählt seine Geschichte. Als Lehrling sei er einst auf einen Handelspott auf- und nach

45 Jahren als Bootsmann wieder abgestiegen. Seinem Opa, der als Bootsmann auf einem Großsegler über die sieben Meere schipperte, versprach er, in seine Fussstapfen zu treten. »Hier schauen Sie,« sagt er, zeigt mir ein längliches Gebilde, das an einer goldenen Kette um seinen Hals hängt – »das ist die Bootsmannspfeife meines Opas. Er schenkte sie mir, als er schon sehr schwer krank war. Junge, diese Pfeife beschützt Dich, bringt Dir Glück. Du darfst sie nie verlieren. Jaja, so war mein Opa. Ich habe keinen Enkel, an den ich die Pfeife weiter geben kann. Meine Braut war und ist die See. Vielleicht gibt's in dieser oder jenen Hafenstadt einen kleinen Hansi. Aber was soll`s, heute darüber nachzudenken, ob ich eines der Mädchen hätte heiraten sollen.«

Porzellanhündchen oder Pulle Wodka

Er kommt auf Murmansk zu sprechen. Da habe er eine junge Frau geliebt. Tamara sei wunderschön gewesen, liebreizend. Allerdings mit einem Fehler. Sie war verheiratet. Ihr Mann fuhr auch zur See. Stand im Fenster ihrer Wohnung in einem Zwölfgeschosser ein Porzellanhündchen, wußte er, dass ihr Mann zu Hause ist. Da blieb ihm nur eine Pulle Wodka …

»Ist es denn spannend, immer aufs Meer zu schauen. Was gibt's denn zu sehen« frage ich.

Er lacht. »Im Moment nichts, aber hier gibt's Delfine. Sobald ich sie erblicke, pfeife ich. Das habe ich den vier Damen, die Backbord ›Mensch ärgere dich‹ spielen, versprochen.

Und Sie werden`s nicht glauben, Frau Traudel, eine von denen ist meine Freundin. Vielleicht bald meine Braut. Dass ich noch im Ehehafen lande, ich hätt`s nie geglaubt. Wie das Leben so spielt. Mit fast 70 für mich eine neue, hoffentlich schöne Erfahrung. Ich werde Sie zur Trauung nach Berlin einladen. Aber Pst«. Der Gucker führt den Zeigefinger zum Mund. »Sie weiß noch nichts von ihrem Glück.«

KAPITÄNSTISCH – TRAUM MANCHER PASSAGIERE

Glück für mich ist, dass ich tatsächlich noch einen freien Termin beim Friseur erwische. Wir sind zum Galadinner am Kapitänstisch eingeladen. Müssen uns also fein machen. Werner mit Fliege ist schon ein ungewohnter, aber doch schöner, Anblick. Heute abend muss der Schriftsteller auf seinen geliebten Pullover schon mal verzichten. Tut er auch. Ohne zu murren. Verabredet in der Bar, in der ein Gläschen Champagner wartet, geht es gemeinsam zur Gala.»Es ist schon ein erhebendes Gefühl, wenn man durch das vollbesetzte Restaurant zu diesem besonderen Tisch begleitet wird, sich neben den Kapitän setzen darf,« flüstert mir eine Dame mittleren Jahrgangs zu und auch, dass sie auf jeder Kreuzfahrt davon geträumt habe und nun zu Hause all ihren Freundinnen das Foto »der Kapitän und ich« zeigen könne. Der Kreuzfahrtdirektor stellt die Eingeladenen dem Kapitän Vadym Y. Grytsyuk vor. Der Bordfotograf waltet seines Amtes. Ein erster Trinkspruch, ehe die Gaumen vor Freude hüpfen können.

WILLKOMMENSPARTY MIT »MENDOCINO«

Eigentlich wollten wir, Werner und ich, die anschließende Willkommensrevue sausen lassen.

Ehrlich, wir hätten was verpasst. Schlagersänger Michael Holm, der vor mehr als 40 Jahren mit »Mendocino« seinen ersten Hit landete, begeistert mit sanften Klängen. Kabarettistin Carola Opitz entpuppt sich als echte Berliner Schnauze. Artisten jonglieren, Tänzer wirbeln übers Parkett, ein Clown treibt seine Spielchen …

»Ich komme mir vor, als sitze ich im Variete« sagt eine mit am Tisch sitzende Münchnerin zu ihrem Begleiter. »Das bist Du ja auch, meine Liebe. Nur nicht an Land, sondern mitten im Ozean,« entgegnet er, nimmt sie in den Arm, gibt ihr ein Küßchen und erklärt uns, dass seine langjährige Freundin wegen der Seekrankheit niemals auf ein Schiff, aber unbedingt die Komoren sehen wollte. Ihr Vater habe als Chemiker zu einer Vulkanologen Expedition gehört, die auf der Hauptinsel Grande Comore den aktiven Vulkan Karthala ins Visier nahm. »Mein Vater ist nicht mehr in der Lage zu reisen. Er schwärmt noch heute von dem weltweit größten Krater, möchte, dass ich viele Fotos mit nach Hause bringe, auch von der Landschaft, die nach dem großen Ausbruch 1977 von der Lava vernichtet wurde. Ich werde auch versuchen, Franziska zu finden. Sie war gerade in Frankreich als ihr ganzes Dorf und damit auch ihre Familie von der Lava überrollt wurde. Sie arbeitete in dem Hotel, in dem die Expeditionsteilnehmer wohnten,« erzählt sie und hofft, dass sie all das während der zweitägigen Liegezeit des Schiffes schafft. Wir stoßen mit Rotwein auf das Gelingen an, schwelgen in Weinlaune und während das Pärchen auf der Tanzfläche verschwindet, gehen wir an Deck. Das Meer ist ganz ruhig, es scheint, als haben sich die Wellen schlafen gelegt. Die glitzernden Sterne weisen uns den Weg zu den Komoren.

SCHLAMM-MASKE SCHÜTZT UND VERSCHÖNT

Wir sind, so steht es im Bordprogramm, am schönsten Ende der Welt. Das ist bei dieser Postkartenidylle keineswegs übertrieben. »Astoria« liegt inmitten der Inselwelt der Komoren an der Straße von Mocambique zwischen Ostafrika und Madagaskar. Mayotte, die südlichste Komoreninsel, ist ein Taucherparadies, fast völlig von einem Korallenriff umgeben. Das macht uns neugierig. So tauschen wir das Schwimmen mit Schildkröten oder die Wanderung zum Dzianu-See, mit einem Glasboot, betrachten die Korallengärten von oben, schauen dem Spiel der vielen bunten Fische zu, den Schildkröten, die gemächlich ihre Bahn ziehen. Der Schiffsführer spielt auf der Harmonika melancholisch klingende Weisen, während wir über die glasklare See dahin gleiten. An Land zieht uns der farbenfrohe Markt in seinen Bann und Frauen, die ihr Gesicht weiß-gelblich angemalt haben. Das ist eine Schlammmaske, die aus Korallen auf zerriebenem Holz und Wasser besteht. Sie schützt vor der Sonne und Mückenstichen, verleiht der Trägerin einen attraktiven goldgelben Teint, klärt uns die Dolmetscherin auf.

HALSBRECHERISCH ZU DEN AFFEN

Diese Masken tragen auch Frauen des Dorfes auf der Insel Nosy Komba, die wir Tage später besuchen. Von der weißen Lady steigen wir ins Tenderboot, und von da in kleine Boote. Sie ähneln ausgehöhlten Baumstämmen, sind mit Außenbordmotor und zwei quergelegten Sitzbrettern ausgestattet. Wir suchen den Sicherheitsgurt, die Schwimmweste. Werner fragt den Bootsführer, es ist ein junger Kerl, nach Gurt und Weste. Er grinst, wirft den Motor an. Mit uns starten die anderen neun Boote gleicher Machart in den Indischen Ozean. Die Jungs, die die 10 Boote steuern, liefern sich zeitweise ein Wettrennen. Mir wird Himmelangst. Ich muss an den Gucker denken – von wegen romantische Seefahrt. Die Jungs lachen, legen noch einen Zahn zu. Das Boot fliegt und klatscht wieder und wieder auf die Wellen. Mir tut alles weh. In meiner Not bete ich, obwohl ich nicht gläubig bin, zum lieben Gott, er möge doch gnädig mit uns sein. Werner nimmt meine Hand. Er ist wie immer der ruhende Pol. Er tröstet mich, obwohl er das auch nicht lustig findet. Endlich, nach 45 Minuten, sind winkende Leute zu sehen. Ich mache drei Kreuze, als ich den ersten Fuß an Land setze und bin noch so von der Rolle, dass ich die liebevolle Begrüßung gar nicht richtig wahrnehme.

FRAUEN HABEN HIER DAS SAGEN

Hier sind Lemuren, die für Madagaskar typischen Halbaffen, eine Art Feuchtnasenaffen, heimisch.

Das hatte der Bordlektor angekündigt, als er über die Komoren, über Land und Leute sprach.

Interessant für mich die Tatsache, dass die Frauen in der mahorischen Gesellschaft eine relativ starke Position darstellen. So besitzen die Frauen das Haus oder die Etage. Bei Heirat zieht der Mann zu ihr. Bei Trennung wieder aus. Auch sei die Scheidung keine Schande.

Der Mann müsse für seine Töchter ein Haus bauen. Die Jungs ziehen mit 14 Jahren in eine Lehmhütte, Banga genannt, neben dem Haus der Eltern, um selbständig zu werden ... Die beliebteste Sportart Fußball führte schon bis zur Teilnahme an Olympia. Die vier großen Inseln waren einst Königreiche – heute stehen sie unter französischem Einfluss, betont der Lektor. Auch vom Vulkan Karthala – er besitze den weltweit größten Krater – ist die Rede, davon, dass der Vulkan noch aktiv ist, vor Jahren mit seinem Lavastrom einige Dörfer vernichtete.

SINGEND GEHT'S ZU DEN LEMUREN

Wir lernen auch, dass die Lemuren in grauer Vorzeit Vorläufer der Menschenaffen waren. Bei Ausgrabungen hätte man Skelette in Menschengröße gefunden ... Zu Hause sind die Lemuren, von denen es einige hundert verschiedene Spezies gibt, nur auf Madagaskar und auf ein paar kleinen Inseln. Eine davon steuern wir gerade an. Für die Bewohner, sie leben ohne Strom und Trinkwasser, ist unser Kommen ein

Fest. Sie reichen Kokosmilch, zeigen uns stolz ihre ärmlichen Hütten, bieten ihre Waren feil. Weiße und bestickte Patchworktischdecken, Ketten aus heimischen Pflanzen, Holzmasken. Werner kauft mir eine Kette für einen Dollar. Noch heute ganz modern. Das wäre eine gutes Mitbringsel gewesen. Aber schlau ist man immer hinterher.

Die mit Schlammmasken geschmückten Frauen und Mädchen begleiten uns singend in den Wald. Hier leben ihre Hauptdarsteller. Sie schauen von den Bäumen auf uns herab. Als wir jedoch mit Bananen winken, sind sie plötzlich mitten unter uns. Putzig sehen sie aus mit ihren maskenhaften Gesichtern, den großen Kulleraugen, dem langen Schwanz. Die umher fliegenden Papageien scheinen neidisch, schreien durcheinander, stibitzen eine Banane, machen sich davon.

Die Lemuren lassen sich`s unbeeindruckt schmecken und verschwinden wieder in den Wipfeln der Urwaldriesen. Zwei Äffchen strecken weiter ihre Händchen aus. Ein Passagier beglückt beide mit einem Bonbon und schwups machen auch sie sich davon. So wie wir auch. Nicht ohne den Kindern ein paar Dollar in die Hand zu drücken, die freudig tanzen, singen, uns nachwinken.

Chameläon zutraulich – Sandflöhe auch

Und wieder beginnt die Höllenfahrt. Wir hatten die Reiseführerin gebeten, wenigstens auf die Bootsführer einzuwirken, dass sie uns gemächlich zur Badeinsel bringen. Aber die Jungs machen sich einen Spaß daraus, uns in Angst und Schrecken zu versetzen. Nach zwanzig Minuten halsbrecherischer Fahrt westwärts durch eine Bucht, haben wir wieder festen Boden unter den Füßen. Kristallklares Wasser, weißer Strand, Palmen – eine paradiesische, unbewohnte Idylle. Wären da nicht die Sandflöhe, vor denen uns die Reiseleiter warnen. Also ab ins Wasser. Erfrischt durchstreifen wir ein Stück des wildromantischen Eilands. Prachtexemplare von Chamäleons haben keine Berührungsängste. Sie lassen sich anfassen, klettern auf die Schulter, wechseln nicht einmal die Farbe. Ein Chamäleon hat es sich auf Werner Heiduczeks Arm gemütlich gemacht. Ich zücke meine Kamera …

Hätte uns das Leben kosten können

Drei Stunden haben wir Zeit auf der Insel. Nach einer Stunde verdunkelt sich der Himmel. »Wir warten bis das Gewitter vorbei ist«, sagt Renate. Die meisten Passagiere protestieren, obwohl zwischenzeitlich Tenderboote vom Schiff eingetroffen sind. Während einige seelenruhig sich ihr gegrilltes Steak und die Suppe schmecken lassen, stürmen andere die Boote. Wir auch. Kaum ausgelaufen, öffnet Petrus seine Schleusen, spielen die Wellen mit unseren nun ozeantauglichen Booten.

Froh wieder an Bord zu sein – der Rest der Ausflügler kommt Stunden später gleichfalls klitschnass – ziehen wir Resümee, schreibe ich in mein Tagebuch: Ein erlebnisreicher Tag, der uns hätte das Leben kosten können. Windstärke 4 hätte genügt, um in dem ungesicherten Boot über Bord zu gehen. Die Schiffs-Reiseleitung entschuldigt sich, erklärt, dass das hiesige Touristenzentrum den Ausflug in den höchsten Tönen anbot und dass uns der Preis des Ausflugs zurück erstattet wird.

Todmüde fallen wir nach dem Abendessen in unsere Kojen. Trotzdem kann ich nicht schlafen. Mir geht durch den Kopf was hätte passieren können, wenn, ja wenn – ich denke an meine Kinder, meine Enkel, male mir aus, wie sie reagiert hätten, wenn … und lande dann doch in Morpheus Armen.

BEI LA PALOMA SAGT DER GUCKER SORRY

Nach den gestrigen Strapazen faulenzen wir heute. Wir suchen uns nach dem Frühstück ein schattiges Plätzchen. Das ist gar nicht so einfach. Denn bereits früh, wenn die ersten Sonnenstrahlen mit den Wellen flirten, reservieren Passagiere mit Handtüchern und Büchern eine Liege fürs Sonnenbaden und eine fürs Nickerchen im Schatten. Im Bordprogramm wird immer wieder darauf hingewiesen, diese Unsitte zu unterlassen. Papier ist geduldig, Egoismus triumphiert.

Da Frühschoppen angesagt ist, für den der Kapitän ein Fass Bier spendiert, haben wir in einer Ecke zwei freie Liegen entdeckt. Die Musik treibt mich von der Liege – ein Frühschoppen ohne mich? Mir kommt Achtern eine Polkaschlange entgegen und so bin ich mitten drin im bierseligen Vergnügen. Bratwurstduft steigt in die Nase. Eigentlich wollte ich nichts zwischendurch essen.

Aber der innere Schweinehund ... So leiste ich mir ne Bratwurst, trinke ein Bier und drehe eine Runde mit dem Gucker. Als die Band »La Paloma« spielt, sagt er »Sorry«, setzt sich. Das habe ich schon öfter erlebt. Aber warum? Einige Seeleute behaupten, wenn sie La Paloma tanzen, gehe das Schiff unter. Andere sehen in La Paloma so etwas wie ihre Nationalhymne. Ich konstatiere: Mensch, der Bootsmann kann ja richtig gut tanzen. Bald wäre ich seinem Tanzcharme erlegen.

Aber ich hatte ja meinem Poeten versprochen, ihm eine Flasche Wasser zu holen. Sozusagen als Vorwand, um in den Frühschoppen hinein zu schnuppern.

Eine Geschichte geht so ...

Am Nachmittag treffe ich wieder auf den Gucker. Ich erzähle ihm von unserer halsbrecherischen Fahrt. »Na bitte, habe ich nicht recht?« »Ja, aber,« wende ich ein. Er gibt zu, dass eine Kreuzfahrt natürlich für Landeier mit Sehnsucht, Romantik, Erlebnis pur verbunden ist. Das sähe auf einem Tanker, einem Container, überhaupt in der Handelsschifffahrt ganz anders aus. Da dominiere harte Arbeit bei jedem Wetter. Er könne ein Buch darüber schreiben. Weniger über die schönen, mehr über die harten Zeiten. Eine Geschichte: »Ich war Lehrling im dritten Jahr. Wir schaukelten bei Nebel in der Biskaja. Es war Heiligabend. Ich hatte Wache im Krähennest. Das ist der Mastkorb oben an der Spitze des Schiffes. Radar gab es nicht. Ich sollte Ausschau halten nach Schiffen, meine Ohren aufsperren, um Nebelhörner zu hören. Ich fror, mir war schlecht, ich stieg herab, legte mich in meine Koje. Aus dem Radio ertönte: Stille Nacht, heilige Nacht. Plötzlich Türgedonner. Der Bootsmann stand wutentbrannt vor der Tür, scheuerte mir rechts und links eine, brüllte mich an, ob mich der Teufel geritten hätte. ›Marsch zurück zum Krähennest.‹ Den Satz werde ich nie vergessen. Ich werde der Seefahrt ade sagen. Das schwor ich mir. 45 Jahre sind es geworden. Später begriff ich, dass ich durch mein verantwortungsloses Handeln all meine Kameraden, die gesamte Besatzung, das Schiff, die Ladung, in große Gefahr gebracht hatte.«

Gipfelstürmer an Bord

Nach dem Abendessen gehen wir zum Vortrag des Extrembergsteigers Hans Kammerlander. Der Südtiroler, aus einer Bergbauernfamilie stammend, erzählt, wie er schon mit acht Jahren seinen ersten Dreitausender bestieg und wie er nie mehr davon los kam, dass er viele Gipfel der Welt bezwang, wie er als erster Mensch eine komplette Skiabfahrt vom Mount Everest, dem höchsten Berg der Erde, unternahm, was ihn mit Reinhold Messner verbindet undundund. Ein faszinierender bebilderter Ausflug. Dass er dreizehn der vierzehn Achttausender bezwang, erwähnt er nur so nebenbei. Wie überhaupt Hans Kammerlander kein großes Gewese um seine Person macht. Schön, dass er Zeit fand aufs Schiff zu kommen. So hautnah trifft man ja so einen wie ihn nicht an jeder Straßenecke. Besonders spannend fand ich, als er vom Elmsfeuer auf dem Gipfel eines Achttausender sprach, davon, dass durch ein bläuliches Licht, trotz guten Wetters, die Eispickel sprühten und das Team sofort mit dem Abstieg begann. Das Elmsfeuer entstehe durch elektrische Aufladung der Luft.

»Das hätte ich auch erklären können«, meint der Gucker, den wir bei unserem obligatorischem, allabendlichen, Spaziergang rund ums Schiff begegnen. »Die gespenstische Lichterscheinung geistert öfters übers Meer. Zu früheren Zeiten trieb das den Seeleuten den Angstschweiß´auf die Stirn. Sie meinten der Klabatermann habe Signale gesetzt. Heute wissen wir um die Zusammenhänge, sind aber immer wieder vom Elmsfeuer fasziniert. Der Name Elmsfeuer gehe auf Erasmus zurück, den Schutzheiligen der Seeleute«.

Später trinke ich mit dem Mann zwischen Fels und Eis im Captainsklub, so der Gucker, einen Cocktail. Dabei erfahre ich, dass Hans Kammerlander demnächst im Hotel Renaissance Leipziger treffen und später mit ihnen auf Erlebniswanderung gehen wird. So wie im vergangenem Jahr. Da war er mit einer Leipziger Gruppe in den Dolomiten. »Ich habe gestaunt über die Begeisterung, den Wissensdurst, die Kondition. Überhaupt sind die Sachsen sehr nett und sehr naturverbunden,« macht der Gipfelstürmer Komplimente.« Diese Erlebniswanderungen wertet Kammerlander als einen schönen Ausgleich für sich. Neu für ihn ist eine Seereise. »Ich bin zum ersten Mal auf einem Luxusschiff. Es ist wunderbar erholsam, man trifft interessante Leute. Aber jetzt ruft der Berg wieder. Morgen früh fliege ich zurück.«

NICHT PEST, SONDERN STURM

In der Ferne winken Lichtsignale. Sie kommen aus Madagaskar, dem morgigen Ziel.

Mein Poet und der Gucker stimmen die alte Seemannsweise an: Wir lagen vor Madagaskar und hatten die Pest an Bord … »Nee, die Pest hatten wir nicht an Bord, aber einen Sturm vor Madagaskar. Solch einen hatte noch keiner von uns erlebt. Da wirst du gläubig, wenn du`s noch nicht bist. Zwei Tage hatten wir keinen Funkkontakt mit der Reederei. Die hatten schon Suchmeldung aufgegeben«, erinnert sich der Gucker. Wie heißt er eigentlich richtig: Hans oder ?

Ob er von Bord gehe? Er winkt ab, verneint. »Morgen ist der 13., noch dazu Freitag – da verhalte ich mich an Bord ganz ruhig. Bin abergläubisch, mußt du wissen,« sagt er.

Pech oder Glückstag?

Freitag der 13. Januar ist für Werner wirklich ein Pechtag. Aber der Reihe nach. Uns wurde empfohlen, nur in Gruppen an Land zu gehen. Vor einem halben Jahr ist ein deutscher Passagier spurlos verschwunden. Kurz vor dem Auslaufen des Schiffes wollte er schnell noch seine Post in den Briefkasten am Ausgang des Hafens werfen. Er tauchte nie wieder auf. Es wurde gemunkelt, er habe vielleicht ein junges Mädchen getroffen, lebe mit ihr glücklich und zufrieden. Tatsache jedoch sei, dass seine Papiere, die Kreditkarte, an Bord gefunden wurden. Auch später sei die Kreditkarte unberührt geblieben. Ich hatte in der Zeitung darüber gelesen. Es wurde vermutet, dass der Passagier einer Bande in die

Hände fiel. Und nun kommt noch die Warnung der Schiffsleitung.

Das kann schon Angst machen. Mein Poet lacht mich aus. Ich unterhalte mich mit dem Sänger Michael Holm darüber. Er wolle auch in die Stadt, käme also mit. Wenig später rief er an: »Liebe Leute, sorry, ich bleib an Bord.« So starten wir allein, müssen aufpassen, dass wir nicht in einem der nicht abgedeckten Gullys im Hafen verschwinden. Kurz vor dem Hafenausgang tritt Werner in ein Loch, holt sich eine schmerzhafte Zerrung. Und so humpelt er, auf mich gestützt, wieder zum Schiff. Die Bordärztin sei an Land, sagt der Wachhabende an der Gangway. Minuten später klopft es an meine Kabinentür. »Der Wachhabende beauftragte mich, Eiswürfel bei Ihnen abzugeben.«

Toller Service. Der Knöchel sieht nicht gut aus, schimmert grün, blau, ist dick – hoffentlich ist nichts gebrochen. Die Bordärztin zerstreut unsere Bedenken. Das Röntgenbild zeigt keine Auffälligkeiten.

Glück im Unglück. Sie versorgt den Knöchel, bandagiert, drückt uns ein paar Schmerztabletten in die Hand. »Für alle Fälle«, sagt sie. Das war`s ... Madagaskar Ahoi.

BLUTWÄSCHE AN BORD

Nun sind wir auf dem Weg nach Mauritius. Werner pflegt seinen Knöchel, ich lese. Zum Nachmittagskaffee sitzen wir mit einem Pärchen aus Brandenburg am Tisch. Ist ja affig, denke ich, dass sie am Kuchen, den ihr Mann vom Büfett bringt, herummäkelt. »Kann nicht alles essen, hänge an der Dialyse«, sagt sie entschuldigend. Jetzt sei sie 50 Jahre. Mit zwanzig habe das Dilemma begonnen. Erst Tabletten, dann Spritzen und seit Jahren Blutwäsche. »Können Sie sich vorstellen, wie ich jede Minute hier an Bord genieße, mich über die Landausflüge freue. Es ist einfach fabelhaft, mit dieser Krankheit einen solch zauberhaften Urlaub erleben zu können, zumal die Behandlung an Bord von der Krankenkasse finanziert wird. Die Dialysestation hier an Bord ist fast moderner als an Land. Der Dialysearzt, die Schwestern, sind Tag und Nacht für uns da.« Bei der ersten Kreuzfahrt sei sie noch skeptisch gewesen. Nun ist sie schon das dritte Mal an Bord. Sie müsse auf fast nichts verzichten, freut sich die Brandenburgerin.

HEISSE RYTHMEN, TRAUMSTRÄNDE, VULKANE

Mauritius – die bei Touristen viel gerühmte Badeinsel mit breiten weißen Sandstränden – und ihre Inselhauptstadt Port Louis, benannt nach Ludwig dem XV., empfängt uns musikalisch.

Musiker, in ihrer weißen Uniform wie Generäle aussehend, spielen heiße Rythmen. Bunt gekleidete Einheimische winken und tanzen. Die Emotionen schwappen auf uns über – es steigt eine Ankunftsparty, wie ich sie bisher nur auf Mynamar erlebte.

Wir fahren im Bus der Ile aux Cerfs im Indischen Ozean entgegen. Vorbei an grandiosen Küstenlandschaften, wildromantischen Bergregionen, Zuckerrohrplantagen, Botanischen Gärten … In der Ferne winken Vulkane. Die Reiseleiterin schwärmt von dem wuchernden Tropenwald, der durch die wilden Orchideen bunt schimmere. Den müssten wir das nächste Mal unbedingt besuchen. Ebenso wie die aufs Meer ausgerichteten Kanonen. »Sie sind ein Überbleibsel von Napoleons Truppen, die sich mit den Briten heftige Kämpfe um den Besitz der Insel lieferten. Heute ist meine Heimat eine Republik,«verkündet die charmante Kreolin.

EIN KÜSSCHEN BESIEGELT DAS MALHEUR

Um auf die unbewohnte Palmen übersäte Insel zu gelangen, besteigen wir kleine Boote. Und auch hier wieder steht ein Empfangskommando bereit. Reggaemusiker wiegen sich im Takt und wir bald mit. Vorbei an kleinen Souvenirshops steuern wir die Strandliegen an, machen es uns gemütlich.

Während Werner sein Liege in den Schatten zieht – brezele ich mich so richtig in die Sonne.

Fast gegrillt, kitzele ich meinen schlafenden Werner an den Fußsohlen, flüstere ihm ins Ohr, dass eine Wassernixe auf ihn warte. Schließlich tummeln wir uns in den glasklaren, bläulich schimmernden Fluten, schwimmen um die Wette, wobei ich jedesmal nur zweiter Sieger werde …

Ich wechsele den Badeanzug, hole mir einen Drink und wundere mich, dass Werner so lange »planscht«. Das tut er gar nicht. Ich sehe, wie er krampfhaft versucht aus dem Wasser zu kommen, von den Wellen jedoch immer wieder zurückgezogen wird. Ach Mensch, sein Fuß, fällt mir ein. Ich renne los. Ein Strandwächter hat ihm schon geholfen. Mit »ich habe gepennt,« rede ich mich heraus. »Ja, ja,« sagt Werner, »aus den Augen, aus dem Sinn. « Ein Küßchen besiegelt unsere schöne Zweisamkeit. Die Strandbar winkt. Gegrillter Fisch, gekühlte Getränke, dazu deutsche Klänge – so lässt sich`s leben. Nach dem Essen sollst du ruh'n, oder 1000 Schritte tun. Wir entscheiden uns für die Schritte, bummeln ein wenig über die 1.2 Kilometer lange und 600 Meter breite Insel, kommen wegen Werners Knöchel nicht weit. An einem Shop kaufen wir ein paar Postkarten. Ich wühle in dem bunten Angebot an Strandkleidern – am liebsten würde ich sie alle einpacken – aber Werner hat dafür keine Augen. So lasse ich es sein – ich besitze ja schon fünf davon. Tragen kann ich ja sowieso nur immer eins. Schweren Herzens sagen wir ade du Schöne.

Wodka gegen Windstärke 8

Auf dem Schiff herrscht Turbulenz. Neue Passagiere erkunden die Planken – für sie ist es ein erstes Abendessen, für uns das – ich habe keine Lust zu zählen. Dafür Lust auf einen echt kreolischen Kaffee mit Vanille, der an der Bar Achtern ausgeschenkt wird. Ein Schwatz mit Blick auf den Sonnenuntergang – es ertönt die Abschiedsmelodie – ein neuer Seetag liegt vor uns.

Wir passieren die westlichste Spitze von Madagaskar, haben eine 8 – das ist schon ganz schöner Seegang. Eine Spritze von Frau Doktor würde Wunder wirken. Wodka auch. Der echte russische, klärt der Gucker einige Neue auf, kippt sich ein weiteres Gläschen hinter die Binde. Dabei zwinkert er uns zu. Ihm sei es als Lehrling auf den ersten Reisen ganz schlimm ergangen. »Mir war hundeschlecht. Keiner nahm Anteil an meinem Elend. Ich bekam 'ne Pütz (Eimer) um den Hals und musste weiter arbeiten. Ein Seemann klagt nicht, trichterte mir der Bootsmann ein, sagte: Junge merk dir, ein Wodka tut Wunder. Er tat Wunder. Aber nur in Maßen,« gibt der Gucker zum Besten. Stimmt genau, ein eisgekühlter Stolnitschnaja ist auch bei ruhiger See ein Genuss.

Geh ich zur Aquarellmalerei, zum Seide bemalen, zum Computerkurs, höre ich mir den Vortrag des Bordlektors über Mocambique an? Ich entscheide mich für Letzteres, Werner entscheidet sich für die Liege.

Sextanten, aufgetakelte Fregatten – Gucker ist in seinem Element

»Araber errichteten im 7./8. Jahrhundert an der Küste einen Handelsposten. Sie tauschten Elfenbein, Gold und Sklaven gegen Porzellan und Münzen. Dann kamen die Portugiesen, europäische Kolonialgesellschaften, die das Land ausbeuteten« notiere ich. Auch, dass sich das Land nach dem Bürgerkrieg 1992 gut entwickelte, es sich geographisch enorm langzieht von Tansania im Norden bis nach Südafrika im Süden. Die Fauna und Flora ist für Europäer sehr reizvoll, sagt der Mann am Rednerpult, spricht vom Elefantenreservat, das an die 50 Kilometer von Maputo, der Hauptstadt, entfernt liegt, lobt das in Mocambique gebraute Bier über den grünen Klee …

Werner, der immer wissen möchte, was ich erlebe, erzähle ich von dem Gehörten und wir beschließen, die Panoramafahrt durch Maputa zu buchen. Neptun hat seinen Quirl, mit dem er das Meer »bearbeitet«, noch immer nicht beiseite gelegt. Deshalb sind in den Vergnügungsräumen nur wenige Passagiere auszumachen. Achtern treffe ich den Gucker. Er sitzt auf seinem angestammten Sessel. Um ihn einige Passagiere. Auch die vier Damen aus Berlin. Gibt es hier auf dem Schiff wirklich Sextanten? fragt einer in bayrischem Dialekt. Der Gucker verzieht seine Mundwinkel und legt los. »Na klar gibt es sie, aber ich muss Sie enttäuschen, werter Herr, das sind keine Tanten, die hier Sex machen. Sextanten nennen die Seeleute die Messinstrumente für die Navigation. Sie werden zum Messen von Höhen-und-Horizontal-Winkeln und Winkeln zwischen zwei Gestirnen verwendet. In erster Linie zur Höhenmessung eines Gestirns über den Kimm. Und wenn wir Seeleute von einer aufgetakelten Fregatte reden, meinen wir keine auffällig gekleideten älteren Frauen, sondern einen Dreimaster.

Manchmal wackelt eine Fregatte übers Deck, gestylt bis – aber – na reden wir nicht drüber.« Wieder was gelernt«, flüstert's neben mir. »Komm, meine Fregatte« ist auf bayrisch zu hören.

Durch Seegang zwei Kilo weniger

»Endlich hat die Schaukelei ein Ende« gestehen zwei attraktive Mittvierzigerinnen. Die letzte Nacht sei die bisher schlimmste Nacht ihres Lebens gewesen. »Wenn das so weiter geht, werden wir wohl vorzeitig das Schiff verlassen müssen. Trotz der netten Herren hier an Bord,« bemerkt die Blondine, während die Schwarzhaarige sogar einen Vorteil im Seegang sieht. »Ich habe schon zwei Kilo abgenommen«, verrät sie.

Stippvisite in Maputo

Wir haben, wie ich schon anmerkte, keine Probleme mit dem Seegang. So lassen wir uns das Frühstück schmecken, machen uns landfein und besteigen den Panoramabus in Mocambique`s Hauptstadt Maputo. »Ich bin Domingo, euer Reiseleiter« sagt ein Mittvierziger, verweist auf den im Jugendstil erbauten Hauptbahnhof, bittet uns in eine Kathedrale, zum Rathaus, das die Regierung für Festlichkeiten nutzt. Hier sei auch der derzeitige Präsident vereidigt worden. Wir besuchen die Nationalgalerie, in der alle bedeutenden einheimischen Künstler mit ihren Werken vertreten sind und erfahren, dass diese Galerie die wohl bedeutendste Afrikas ist.

Wir nehmen auf der durch Palmen geschützten Terrasse des ganz in Weiß erstrahlenden Hotels Polana – es soll das beste Haus am Platz sein – einen Drink, tun uns gütlich an dem vor unseren Augen zubereiteten Obst, schauen aufs Meer und den tobenden Kindern beim Strandspiel zu.

Paradies ohne Negerküsse und Schnee

Dabei komme ich mit Domingo ins Gespräch. »Wieso sprechen Sie so akzentfrei deutsch?« Domingo streicht sich über sein pechschwarzes Haar, lacht, sagt: »Ich habe, wie etliche meiner Landsleute, in Staßfurt, einem Städtchen in der ehemaligen DDR, Deutsch gelernt. Im Traktorenwerk Schönebeck wurde ich zum Maschinenbauer ausgebildet und habe da gearbeitet. Es war eine wunderschöne Zeit,« sinniert er, spricht von den Ausflügen nach Berlin, an die Ostsee, nach Dresden, meint, dass ihm noch heute das Wasser im Mund zusammen laufe, wenn er an die Hochzeitssuppe denke, an Spargel mit Schnitzel oder an den Königsberger Klops, die Silvi`s Mutter auf den Tisch brachte. »Silvi war ein Traum von einer Frau. Schade, am Ende der DDR lernte sie einen Geschäftsmann aus Hannover kennen. So bin ich Ende 1990 in meine Heimat zurückgegangen.«

Jetzt hat er einen fünfjährigen Sohn, auf den er sehr stolz ist, eine liebe Ehefrau. Immer wieder nehme er gedanklich seine Familie mit nach Mitteldeutschland, um ihnen zu zeigen, wo und wie er lebte, arbeitete, Fußball spielte, ins Kino ging, Schlitten fuhr, Negerküsse kaufte … »Mein Sohn möchte unbedingt einen Negerkuss essen, Schnee sehen. Im nächsten Winter fliegen wir nach Deutschland,« sagt Domingo zum Abschied. Ob er den Negerkuss finden wird? – Neger ist ja aus unserem Sprachschatz gestrichen.

TANZEN, ESSEN, TRATSCHEN

An Bord erwartet uns eine Marktgalerie der Extraklasse. Das Promenadendeck hatten die Steward`s reich geschmückt und gemeinsam mit der Küchencrew in eine internationale Marktmeile verwandelt. Essen wie im Schlaraffenland: afrikanisch, griechisch, indonesisch, philippinisch, italienisch, deutsch, russisch. Dazu die passenden Getränke, gepaart mit romantischen Klängen – da muss die Koje warten. Ich beobachte den Gucker, wie er so als Kavalier übers Deck schreitet, Damen mit seiner Tanzkunst bezirzt. Er könne Tango tanzen, heißt es an Bord, fast besser als ein Argentinier. Auch vor mir verbeugt er sich. Toller Tänzer, notiere ich im Tagebuch. Später nimmt er an unserem Tisch Platz. »Jetzt reichts mir. Das ist nun wirklich nicht mehr spaßig« stellt er ziemlich ungehalten fest. Eine Münchnerin, habe sich während des Tanzes über das

Volk an Bord pikiert. Würdelos, ganz ohne Stil, geiferte sie über einen Hamburger, der sie gefragt hatte, ob es ihr schmecke. Schon das sei ungehörig, noch dazu, wo sie doch als Gourmet nicht esse, sondern genieße. Ich weiß nicht, was sie damit sagen wollte, aber wer angibt, hat mehr vom Leben – oder bringt sich selbst ins Aus.«

Im Falle der Dame stimmt eher das Aus. Oft genug sehe ich, wie Passagiere einen Bogen um sie machen. Wir lassen es uns weiter gut gehen, reden, kommen wieder aufs Thema Essen.

Der Gucker spricht über eine junge Bäckersfrau, die mit Körnerbrot die Herzen der Seeleute erreichen wollte. »Ihr könnt euch gar nicht vorstellen, was da los war an Bord. Damit kannst du Vögel füttern oder die Fische beglücken, waren noch die anständigsten Sprüche. Dabei gab es die Order der Reederei, mehr auf vollwertigere Kost zu achten. Die Küchencrew konnte kochen, was sie wollte – es wurde immer gemeckert« erinnert sich der Gucker. Auf einem Kreuzfahrtschiff ist die Küchencrew fein raus. Sie wird von den Passagieren mit Lob überschüttet. Auch heute abend wieder.

Eine Runde auf einem Strauss

Wir laufen im Hafen von Richards Bay ein. Er gehört zur Garden Route Südafrikas Ostküste.

In feschen Uniformen steckende junge Musiker lassen sich vom Regen nicht beeindrucken, begrüßen uns mit schmissigen Weisen. Reiseleiter stehen neben den Bussen Gewehr bei Fuß, um mit uns auf Safari zu gehen. Mit Regencape und Schirm machen wir uns auf den Weg.

Vorbei an einer Bilderbuchlandschaft geht es zuerst zum größten Vogel der Erde. Dem Strauß. Wer will kann auf ihm reiten. »Setz Dich doch wenigstens mal drauf« bettelt ein Bayer seine Liebste.

Er brauche Fotos für die Freunde daheim. Zaghaft nimmt sie Anlauf, setzt sich auf das Tier. In dem Moment läuft es los. Die Frau schreit, der Tierhüter bringt den Strauß zum Stehen. Einige lachen. Der Bayer freut sich über die Schnappschüsse. Seine Liebste läuft ärgerlich zum Bus. Die Passagiere kaufen ein paar Federn als Andenken, eine Tasche aus Straußenleder – oder probieren ein Straußensteak, ein paar in die Pfanne gehauene Straußeneier.

Reiseleiterin Anna – ihre Vorfahren siedelten im 19. Jahrhundert in Richards Bay – drängt zur Weiterfahrt. Wir steigen in Jeeps um, die uns über holprige Wege ins Wildreservat bringen.

Tiere in freier Wildbahn

Eine Elefantenherde kreuzt unseren Weg. Unsere Autokolonne muss warten. Ein Stück des Wegs weiter hat sich`s ein Löwe mitten auf der Fahrbahn bequem gemacht. Er sitzt wo er sitzt, schaut uns an, gähnt, dreht sich weg, blinzelt uns wieder an, lässt sich fotografieren.

Schließlich gibt der Fahrer Gas, umrundet den Vierbeiner. Seine auf Bäumen sitzenden Artgenossen spitzen die Ohren, beobachten das Schauspiel. In einem kleinen Tümpel vergnügt sich ein weißes Nashornpärchen – »weiße Nashörner gibt es nur in dieser Gegend« – sagt der uns begleitende Reservat-Kenner. Zebras scheinen Verstecken zu spielen. Affen entpuppen sich als wahre Artisten, hopsen auf die Kühlerhaube des langsam fahrenden Jeeps, betteln um Happen. Der Wildhüter sagt ein für uns unverständliches Wort und im Nu sind die Affen in den Büschen verschwunden. Die weißen Zähne des Mannes blitzen in der Sonne. Er lacht, freut sich über unsere erstaunten Gesichter. »Ich bin schon 25 Jahre hier in dem Revier, kenne fast jedes Tier, jeden Stock und Stein. So wie ich sie kenne, so kennen sie mich. Die Tiere wissen, dass wir Wildhüter ihnen nur Gutes tun.« »Ab hier«, sagte ich zu den Affen. »Oft genug streunen sie um unsere Hütten, kennen meinen Tonfall,« klärt er uns auf. Geier kreisen über unseren Köpfen, Giraffen bleiben am Wegesrand stehen, strecken ihre Hälse aus, Wildhunde kläffen sich an … Spannende Momente in dieser für unsere Augen ungewohnten Landschaft. Da kann man nur sagen: ein dreifaches Hoch auf den Schöpfer. »Diese Safari wird wohl immer in meinem Herzen bleiben.

Ein Aquarell für den Wildhüter

Danke, dass wir hier sein durften, danke all den Menschen, die dieses Stück Natur erhalten«, wendet sich spontan eine Hamburgerin an unseren Begleiter, überreicht ihm ein selbst gemaltes Aquarell, wie sie betont.

Eine schöne Geste, die den Wildhüter – Jimmi heißt er – verlegen macht. »Schade«, sagt er, »Sie können nicht mit uns am Lagerfeuer bei Sonnenuntergang sitzen, den Geräuschen des Busches lauschen, dem Gebrüll der Löwen – aber das erleben Sie beim nächsten Besuch,« tröstet er, der übrigens gut deutsch spricht. Das habe er von der Mama gelernt, die bei deutschen Einwanderern Dienstmädchen war. Eisbein mit Sauerkraut, das sei sein Leib- und Magengericht. »Mama kochte das perfekt, meine Frau muss es noch richtig lernen …« verrät Jimmy singt uns zum Abschied »Am Brunnen vor dem Tore« Ich bin sehr angetan von dieser nicht aufgesetzten Geste eines Mannes, der im Busch lebt, liebt, arbeitet …

Kurzweil und Anstand

Wieder liegen zwei Seetage vor uns. Das bedeutet, essen, in der Sonne brutzeln oder im Schatten dahindösen, joggen, baden, Bilder malen, lesen, Skaten, Bingo spielen, Tanz-Computer- oder andere Kurse besuchen ... Ich versuche mein Glück beim Wurftaubenschießen, habe nur Pech. So gehe ich zu einem Benimmkurs. Eine Lady, hoch gestylt, hat ein Gedeck vor sich, erklärt wie es zu handhaben ist, weiß, wann wer vom Tisch zuerst aufstehen darf, kommt auf die Kleidung zu sprechen, bedauert, dass die Zeit der großen Garderobe mit Nerz und Hut auf den meisten Kreuzfahrtschiffen vorbei ist. Heute ist leger, sportlich elegant »in«, was immer darunter zu verstehen ist. Nur noch beim Kapitänsdinner, beim festlichen Galabüfett, so lernen wir, ist Abendkleid und Dinnerjacket nötig. Unschlüssigen helfe der Garderobetipp im täglichen Bordprogramm.

»Womit man so alles sein Geld verdienen kann« lästert ein sportlicher Typ, schiebt nach, dass ihm diese Dozentin vom Aussehen her gefalle, ihre Etikette ihm jedoch auf den Keks gehe.

Köche tanzen Schwanensee

Am Abend wird zur Crew Show geladen. Kenner schwören, dass diese Show von den besten Künstlern nicht zu toppen sei. Wir sehen es auch so. Deshalb freuen wir uns darauf. »Auch dabei« frage ich beim Abendbrot unsere Bedienung. »Ja, auch.« Mehr ist nicht zu erfahren. Diese Show gestalten ausschließlich Amateure. Der Moderator, die Girls vom Ballett, der Shantychor, Solosänger, Kabarettisten, Zauberer … Auch Ton, Licht, Choreografie liegen in den Händen der Besatzung, die viel Freizeit für ein schillerndes Programm aufbietet. Angefangen von Matrosen über nautische und technische Offiziere, Mitarbeiter aus dem Hotelbereich bis hin zum Kapitän.

Sie alle haben selbst Spaß an ihren Darbietungen. Es ist es nicht so, dass sich die Show auf jeder Fahrt wiederholt. Besatzungsmitglieder steigen ab, andere auf … So sind wir immer wieder aufs Neue gespannt. Köche tanzen Schwanensee, zwei Offiziere ziehen den neuesten Mannschafts-Bordklatsch durch den Kakao, der Kapitän begleitet den Shantychor auf dem Keyboard, Kabinenstewardessen legen ein flotte Sohle aufs Parkett, unsere Bedienung jongliert mit Tellern, zwei indonesische Seeleute singen Lieder ihrer Heimat zur Gitarre, der Bordarzt spielt am Klavier Chopin, Vietnamesen aus der Wäscherei zaubern, die Damen der Boutique zelebrieren eine schräge Modenschau … Die Passagiere sind stimmungsvoll dabei.

Am Ende gibt es stehende Ovation. Eine Fundgrube für Dieter Bohlen …

Tafelberg grüsst von Weitem

Auf dem Vorschiff herrscht Hochbetrieb. Wir nähern uns Kapstadt. Portugiesen, so hatte es der Lektor erzählt, entdeckten das Eiland, die Briten setzten Strafgefangene aus. Dann kamen die Holländer, die sich mit den Hottentotten vermischten ... Der Tafelberg, das Wahrzeichen der Stadt, liegt im sonnigen Morgenlicht majestätisch vor uns. Diesen erhebenden Anblick im Bild festzuhalten, das lässt sich kaum einer entgehen. Ebenso die Hafeneinfahrt. Ganze einhundert Meter breit und das bei starker Brise – da ist seemännisches Können gefragt. Wir »erobern« die Waterfront, das attraktive Hafenviertel, mit seinen eleganten Geschäften, zahlreichen Restaurants.

Auf einer Bank gemütlich sitzend, beobachten wir das Leben und Treiben des bunten Völkergemischs, schlecken eine Eisspezialität, die super nach Früchten schmeckt ... Im Hafenbecken tummeln sich Robben. Ein Prachtexemplar liegt auf einer Bootsrampe in der Sonne, gähnt ab und an. Andere, vor allem kleinere Robben, schaukeln in Autoreifen, die zum Schutz der Schiffe vor der Hafenmauer herunterhängen. Plötzlich stürzt sich die Großfamilie ins Wasser, dreht ein paar Runden und rekelt sich wieder in der Sonne. Ein schönes, amüsantes Schauspiel. An Bord erzählt uns ein Steward, der uns einen Caipirinha vor unseren Ausflug zum Kap der Guten Hoffnung serviert, dass die Robben sich gern im Hafenbecken von Kapstadt aufhalten, da es hier keine Haie gibt. »Wenn ich hier in Kapstadt frei habe, setze ich mich vor die Robben, überlege was besser ist: Seemann oder Robbe? Und frage mich, was ich lieber sein möchte! Ich solle mich nicht wundern über den Blödsinn, aber manchmal, so erklärt er mir, sei es für sie an Bord so stupide, dass sie auf solche Spielchen kommen. Der Bordfunk verkündet, dass die Ausflugsbusse warten.

HOCHZEIT ZWEIER OZEANE UND SINGENDER FISCH

Attraktive Villen, Küstenstreifen, bewaldete Berghänge, Weingärten liegen auf unserem Weg zur Kaphalbinsel. Es ist eine Farbenpracht, die dem Auge gut tut. Selbst die Eukaliptusbäume blühen in vielen Schattierungen. Am Straßenrand fällt ein Warnschild auf, das wohl einmalig ist auf der Welt: »Achtung Pinguine« »Hier in dieser Gegend gibt es tausende Pinguine einer Art, die nur hier lebt. Die Frackträgerinnen watscheln in der Brutzeit über Straßen auf der Suche nach einem geeigneten Nest für ihre zwei Eier. Sie durchwühlen dabei Gärten, um ihre Eier vergraben zu können. Lustig anzusehen ist, wenn die Neugeborenen, wie bei einer Völkerwanderung, ihre Mamas und Papas suchen und tatsächlich finden. Das ist eine kleine Attraktion, nicht nur für Touristen« erzählt die

Reiseleiterin. Auch, dass das Kap, der südlichste Punkt Afrikas, eingerahmt ist von einem Naturschutzgebiet, in dem an die 2.500 Blumenarten zu Hause sind. Dazu gehöre die Protea, die die Südafrikaner Königin der Blumen nennen. Wir stehen bewundernd vor ihr, erfahren, dass sie nur in dieser Gegend wächst. Ich bilde mir ein, dass solch eine Königin schon mal mein Wohnzimmer schmückte. Ich nehme mir vor, meine Blumenfrau danach zu fragen …

Während der Fahrt mit der Seilbahn zum Leuchtturm entdecken wir in der Heidelandschaft Paviane, Buntböcke, Strauße, genießen den Blick aufs weite Meer. Ich möchte das Panorama, das ich natürlich fotografiere, am liebsten einpacken, um es zu Hause wieder auspacken zu können.

Hier also treffen der Indische und der Atlantische Ozean aufeinander. In dem auch Werner Heiduczeks »Singender Fisch« schwimmt. Der Kleine, der von seinem Vater, der Botschafter der Vereinigten Meere werden will, vom Indischen Ozean hierher verbannt wurde. Einfach deshalb, weil der Kleine, sobald er sein Maul öffnete, anfing zu singen. Solch einen singenden Fisch in einer Botschafterfamilie, das paßt nicht, verstößt gegen die Diplomatie ist Fischvater´s Meinung.

Deshalb mußte er weg, der Kleine, und fühlt sich hier kapwohl. Ich glaube, den Gesang gehört zu haben. Die Fabel Heiduczeks besagt ja, dass es einem dann gut geht, wenn das Meer am Kap der guten Hoffnung singt. Wie gut es uns geht – einfach paradiesisch. So schön kann Leben sein.

Wegen Sturm geschlossen

Auf dem Schiff hat derweil ein Flaggenwechsel stattgefunden. Larry Jackson ist aus dem Urlaub zurück. Der Kapstädter, der hier mit seiner Familie ein kleines Cafe betreibt, ist als Hoteldirektor nach dem Kapitän der wichtigste Mann an Bord. Der Südafrikaner, der als Barkellner seine Schiffslaufbahn begann, kennt sich auf schwimmenden Hotels der sieben Meere aus wie in seiner Westentasche, weiß, wann Kreuzfahrer glücklich sind.

Eigentlich sollten wir 20 Uhr auslaufen. Wegen Sturm ist das Hafenbecken geschlossen. Jetzt ist 24 Uhr angepeilt. Nach dem Abendessen gehen wir in unsere Kabinen. Ja genau, Kabinen. Wir schlafen zu Hause, auch im Urlaub, getrennt. Werner hielt das als Verheirateter schon so. Einer will noch lesen, fernsehen, der andere schlafen. Außerdem sind gegenseitige Schlafzimmerbesuche reizvoller. Oder etwa nicht?

Von Kapstadt nach Island

Ich warte noch bis zum Auslaufen, schalte die Deutsche Welle ein. Sie bietet eine Dokumentation über Island. Und das bei südafrikanischen Temperaturen. Der Reporter nimmt die Zuschauer mit auf eine Fahrt von Reykjavik ins Landesinnere, auch nach Grindavik zur »Blauen Lagune«. Dem bekanntesten Naturwunder des Landes. Eine Warmwasseroase inmitten von Lavafeldern. Er schildert dieses Phänomen in den buntesten Farben, interviewt Badende aus Kanada, Chile, Dänemark, die an Schuppenflechte leiden, auf Besserung hoffen. Ich stand vor Jahren – wir waren mit »Arkona« auf Kurs ins ewige Eis – auch an dieser Blauen Lagune. Obwohl ein Schwefelgeruch in der Luft lag, stieg ich in sie, war anschließend ärgerlich über die dunklen Flecken auf meinem hellen Badeanzug. Mich beeindruckten mehr die speienden Geysire, das Brodeln und Zischen in der Lava-und Heidelandschaft, der erloschene Krater, der Gulfoss, auch goldener Wasserfall genannt, der in drei Stufen in eine tiefe Schlucht hinabstürzt, die Schar von Vögeln mit ihren Nestern an den Lava-Felswänden … Auch diesmal wieder während dieser Reportage.

Passagiere singen sich selbst die Abschiedsmelodie

Noch immer liegt unser Schiff im Hafen. Windböen spielen mit den Wellen … Es knirscht, knistert. Der Klabautermann geistert übers Deck. Auf der Brücke ist an Schlaf nicht zu denken. Einige Passagiere, darunter der Gucker, lassen es sich nicht nehmen zu warten, auch wenn diesmal keine Bordkapelle beim Auslaufen spielt, der offizielle Abschiedstrunk ausbleibt. Aber es gibt Achtern an der Poolbar zwei tüchtige Barkeeper, die für volle Gläser sorgen. Das macht Laune, hebt die Stimmung und so singt sich das Häuflein von Passagieren die Abschiedsmelodie früh 3 Uhr selbst.

Einige Passagiere fühlen sich dadurch in ihrer Nachtruhe gestört, beschweren sich über den Lärm.

Dazu fällt mir nur ein: C`est la vie.

Positiv denken – in jeder Lebenslage

Der Wind hat sich gedreht, die See ist ruhig, das Leben an Bord läuft in vollen Zügen.

Ein Philosophieprofessor, der sich Seelendoktor nennt, lädt zum Kurs »Positives Denken«.

Mal rein hören? Warum nicht, sagt Werner: »Dümmer kann man davon nicht werden.« Also lernen wir stets positiv in den neuen Tag zu gehen. Eigentlich wußten wir das schon. Auch, dass Ziele zum Leben gehören, dass negative Gedanken die Lebenslust schmälern … Einige Damen liegen dem Professor fast zu Füßen. Er habe ihnen wieder Mut gemacht, sie mit neuer Energie versorgt. Wenn`s hilft.

Damit wir auf der positiven Strecke bleiben, gehen wir zum Singen, schmettern im Shantychor, was das Zeug hält. Heute abend kommen wir schon wieder zum Einsatz. Bei der Abschiedsgala. Denn in East London steigen morgen etliche Kreuzfahrer ab. Andere auf. Darauf einen Stolnitschnaja.

Der alte Seemann kann nachts nicht schlafen

Es ist nach Mitternacht und ich bin noch immer nicht müde.

Also drehe ich eine Runde ums Schiff. Wen sehe ich? Den Gucker. »Auch nicht müde« frage ich.

Er dreht sich zu mir um. »Kennen Sie den Song vom alten Seemann, der nachts nicht schlafen kann? Diese Ruhe, das Sternenzelt. Da schauen Sie, das Kreuz des Südens. In solchen Stunden packt mich immer das Heimweh.« » Also ist die Romantik der Seefahrt doch nicht tot. Das behaupten Sie ja,« wende ich ein. »Denken Sie doch was sie wollen« sagt er unwirsch, dreht sich um, schaut wieder in die inzwischen aufgewühlte See.

Seekrankheit lässt grüssen

Trau lieber deiner Kraft, als deinem Glück, lautet der Spruch des Tages. Der fängt gut an.

Wolkenverhangener Himmel, stürmische See. Im Restaurant sind wenige Stühle besetzt. Die Seekrankheit lässt grüßen. Wir sitzen allein an einem wunderschönen großen Tisch mit Blick übers ganze Restaurant. Das war unser Wunsch. Werner frühstückt wie immer: Zwei Schnitten – eine belegt mit Schinken und Käse, die zweite mit Butter und Honig – ein weichgekochtes Ei, eine Schüssel Ananas, und Assamtee. Ich bin da schon wählerischer, koste hier, koste da, lass mir ein Tomatenbrot schmecken, ein Toast dick mit Butter und Honig bestrichen, labe mich am geräucherten Lachs … Trinke dazu grünen Tee – früher war`s Kaffee. Täglich variiere ich je nach Lust und Geschmack – schon das Frühstücksbüfett ist täglich ein Sammelsurium lukullischer Raffinessen – da kann eben nur einer wie Werner standhaft bleiben. Ich rede mir ein zu Hause Schmalhans Küchenmeister zu zelebrieren.

Emma sei Dank

Auf den Außendecks ist Hochbetrieb. Gegen Mittag laufen wir in East London ein. Einem Hafen der Garden Route von Südafrikas Ostküste. Auch hier wieder werden wir trotz strömenden Regens mit Pauken und Trompeten empfangen. Schmucke Afrikanerinnen in ihren bunten Kleidern hübsch anzusehen, haben ihre kleinen Verkaufsstände eingepackt, lächeln was das Zeug hält, freuen sich nicht nur wegen des Geschäfts über unser Kommen, sondern auch über den Regen. Das versichert uns ein farbiges Mädchen in gutem Deutsch. »Ich bin Emma« sagt sie »besuche das Gymnasium, lerne Deutsch und bin happy, dass ich es mit Ihnen ausprobieren kann.« Sie spricht von ihrem Daddy, der in einer Armensiedlung als Arzt tätig ist, von ihrer Mam, die so schön malen kann und davon, dass sie unbedingt in Berlin Medizin studieren möchte. Sie stehe mit der Charité schon in Verbindung. Emma hilft uns beim Kauf einer aus Teakholz gefertigten Kette, eines verzierten Damen-Ledergürtel, fragt, ob wir Lust auf etwas Besonderes hätten.

Seit 40 Millionen Jahren tot
und doch lebendig

Haben wir immer und so landen wir mit ihr im Naturkundemuseum, stehen vor einem Quastenflosser, den ein Fischtrawler 1934 im Netz hatte, obwohl diese Spezies namens Coelacanthus seit 40 Millionen Jahren als ausgestorben galt. Wie muss sich die Amateurbiologin und Kuratorin des Museums, Marjorie Eileen Courtenay-Latimer gefühlt haben, als sie diesen ungewöhnlich aussehenden Fisch, den keiner der Fischer kannte, auf dem Boot entdeckte? Glück war sicher, dass der Kapitän ihr den Fund überließ, ein Wissenschaftler die Sensation erkannte und damit das 1.60 Meter lange, 50 Kilo schwere Fossil als wertvollste Rarität im Museum zu bewundern ist. Eigentlich war geplant, das Fossil für 5.000 Pfund nach London zu verkaufen. Die Entdeckerin, die das Museum bis 1973 leitete, konnte das verhindern. Emma begeistert sich an der Geschichte. »Die alte Dame gehörte zum Freundeskreis meiner Eltern. Sie musste mir wieder und wieder erzählen, wie sie den Quastenflosser endeckte. Sie nahm mich mit ins Museum und oft genug hockte ich mich vor das Fossil, träumte mich in sein Leben.« Dodo, der Riesenvogel aus Mauritius ist die zweite Rarität, auf die uns Emma aufmerksam macht. Wissenschaftler vermuten, dass der flugunfähige Vogel, der nur auf Mauritius lebte, um 1690 ausstarb. Lebensgroß ist er nachgebildet. Daneben ein versteinertes Dodo-Ei, das einzig existierende Exemplar.

Ohne Emma hätten wir diese Entdeckungen nie gemacht. Während der Taxifahrt durch ein Stück von East London, das übrigens als das Detroit Afrikas bezeichnet wird, kommen wir an einem großen Aqarium vorbei, in dem Seehunde und Pinguine Kunststückchen zeigen. Ein Denkmal erinnert an die ersten deutschen Siedler um 1850, der Queenspark lädt zum

Bummeln ein – auf uns wartet »Astoria.« Emma sei Dank, schreibe ich in mein Tagebuch. Übrigens studiert diese zarte Schönheit jetzt in Berlin Medizin.

ELF KÜHE FÜR DIE BRAUT

Gute zweihundert Seemeilen weiter auf der berühmten Gardenroute liegt Durban. Auch hier Regen, Regen. Für die Einheimischen ist der Regen ein Segen. Alles grünt und blüht. Wir lassen den Ausflug in das sagenumwobene Tal der 1.000 Hügel nicht ins Wasser fallen. Die Fahrt im modernen Reisebus führt uns in ein kleines Dörfchen der Zulus. Hier tauchen wir ein in ihre Kultur, besuchen einen Kral, erhaschen in den Rundhütten einen Zipfel Stammesleben. Uns zu Ehren haben sich die Zulus, die sich auf dem Dorfplatz versammelt haben, in Schale geworfen. Die Gewänder der Frauen sind reich mit Perlen verziert. Die Männer tragen Felle und sehen mit ihren Speeren recht kriegerisch aus. Dem Begrüßungslied folgen tänzerische Geschichten. Eine erzählt eine Liebeswerbung, die ganz in Tradition noch heute so abläuft, wie der Dorfälteste versichert. Die Liebeswerbung beginnt mit einem ersten Blick, einem ersten Kuss.

Dann fertigt das Mädchen eine rot-weiße Halskette aus Holz, schenkt sie ihrem Liebsten. Weiß steht für Unschuld, rot für die Liebe. Es kommt die Wahrsagerin ins Spiel. Sie befragt verschiedene Rauch-und-Gebein-Orakel. Versprechen sie Liebe und Kinderreichtum, steht einer Hochzeit nichts im Weg. Allerdings nur, wenn der Bräutigam zuvor den Eltern der jungfräulichen Braut elf Kühe übergibt. Es ist eine Augenweide, wie graziös, weich, kraftvoll sich die Tänzerinnen und Tänzer bewegen, wie Farbe, Töne und Tanz, Körper, Geist, Seele ineinander verschmelzen in dieser transportierten Liebesbotschaft. Übrigens: Bei verlorener Unschuld der Tochter gibt es für die Eltern nur eine Ziege. So will es, wie schon gesagt die Tradition auch heute noch. In die schwarzafrikanische Nationalhymne »Nkosi sikele li`africa ... (Gott segne Afrika) die unsere Gastgeber zum Abschied singen, stimmen wir mit stolzgeschwellter Brust ein. Wir hatten sie im Chor auf dem Schiff gelernt.

AUS SCHUHTICK WIRD GROSSE LIEBE

Im Bus sitze ich mit Werner zumeist auf der hintersten Sitzbank. Da hat man den besten Überblick und oft genug auch etwas mehr Platz, weil sich dahin kaum einer drängelt. Eine Frau, ich schätze sie so um die 35, setzt sich zu uns. »Ich bin Erika Findeisen«, sagt sie und wie das so ist, gibt bald ein Wort das andere. Und so erfahre ich eine spannende Geschichte, die ich gern weiter erzähle: Frau Findeisen kommt ursprünglich aus der Nähe von Greifswald. Jetzt lebt die Apothekerin in der Provinz Kwa Zulu-Natal, ist verheiratet mit dem Busfahrer, der eigentlich gar kein Busfahrer ist, sondern Kardiologe mit eigener Praxis. »Das größte Hobby meines Mannes ist, hinter einem Lenkrad zu sitzen. Da sein Freund ein Busunternehmen hat, kann er ab und zu diese Leidenschaft ausleben. Vor allem dann, wenn italienische oder deutsche Touristen unsere Provinz besuchen. Sie wissen ja sicher, dass die Zulus die größte ethnische Volksgruppe Südafrikas ist.«

»Und wie kommen Sie hierher?« »Ich war,« so erzählt sie mir weiter »mit Costa auf Kreuzfahrt, bummelte nach einem Ausflug durch Palermo's Schuhläden und verpasste die Ausfahrt des Schiffes. Ich hatte angenommen, dass die Costa erst ausläuft, wenn alle Passagiere an Bord sind. Falsch gedacht. Da hätte ich mich wegen meines Schuhticks am liebsten geohrfeigt. Aber das nutzte auch nichts mehr. So setzte ich mich ohne Papiere auf eine Bank.

›Sie sehen so traurig aus. Kann ich Ihnen helfen?‹ fragte mich ein fescher Typ in gebrochenem Deutsch. Nachdem er sich mein Malheur angehört hatte, bot er mir an, mich zum nächsten Costa-Hafen Civitavecchia in der Nähe Roms zu fahren. Er hatte in Rom Medizin studiert, war in der Ewigen Stadt auf einem Ärztekongress, machte einen Abstecher zu einem Studienfreund hier in Palermo und müsse nun wieder nach Rom zurück ins Hotel. Ein paar Minuten später stand er tatsächlich mit einem klapprigen Mercedes winkend am Strassenrand. Sympathisch wirkte er ja, aber in das Auto eines fremden Mannes in einem fremden Land einzusteigen? Ich wußte, es ist ein Risiko. Aber was tun mit fünf Euro und drei Paar neuen Schuhen im Einkaufsbeutel? Also nahm ich seine Einladung an. Auf der Fähre lud er mich zum Essen ein. Wir tranken Wein, redeten, stellten so manche Gemeinsamkeit fest. An der Costa-Gangway gab er mir seine Mail-Adresse und die Handynummer. Ein Jahr später zeigte ich ihm Mecklenburg. Er mir seine südafrikanische Heimat, von der ich nicht mehr los komme.«

Wie war es mit der Mitgift, Kühe oder Ziege? Frau Findeisen amüsiert sich über meine Frage. »Ja, ja, es stimmt schon, das ist hier Tradition. Aber mehr in ländlichen Gegenden. In der Stadt hat das Moderne Einzug gehalten. Mein Mann stammt aus einer wohlhabenden Familie. Sein Urgroßvater regierte als König einst das Zulu-Land. Er hatte auf der Insel St. Helena, die Sie ja besuchen werden, auch einen Wohnsitz. Meine Mitgift ist mein pharmazeutisches Wissen, das ich in die Praxis meines Mannes einbringe. Und meine große Liebe zu ihm.«

TURM ERINNERT AN ERSTE SIEDLER

Wieder schwimmen wir einem nächsten Ziel entgegen. Port Elizabeth. Hier ist das Zentrum der südafrikanischen Fahrzeugindustrie, sagt man uns. Wir richten unseren Blick auf einen Turm.

Campanile, nennen ihn die Einheimischen. 52 Meter hoch, 1923 gebaut. Er erinnert an die ersten britischen Einwanderer, die 1820 kamen. Ich steige mit noch ein paar Wagemutigen 204 Stufen den Turm empor, werde mit einem herrlichen Panaromarundblick belohnt. Mein Werner hat sich derweil mit dem öfters ertönenden Glockenspiel angefreundet. Wir unternehmen noch einen kleinen Stadtbummel, vorbei am viktorianischem Opernhaus, dem ältesten Bau, hören uns am Horse Memorial die traurige Geschichte der getöteten Pferde im Burenkrieg an und machen es uns dann an Bord gemütlich. Ein Sprung in den Pool, ein Cocktail oder auch zwei oder drei – da hängt der Himmel voller Geigen. Ein paar Stunden später hängt der Himmel wieder voller Wolken – uns kann´s nicht stören. Die Wellenschaukelei macht Laune und müde.

Ein zweites Mal Kapstadt

Das Bordprogramm bietet wie immer an Seetagen eine Traube voller Möglichkeiten. Da das Schiff sich wieder auf Kapstadt-Kurs befindet, lädt der Lektor zum Kapstadtvortrag ein. Wir lagen ja schon in Kapstadt. Einen ganzen langen Tag. Wiederholung ist die Mutter der Weisheit, betonte mein Uni-Professor in so mancher Vorlesung. Also tauchen wir in die Geschichte ein, hören dem Bordlektor zu: »Für reisemüde Seeleute auf ihren Handelswegen nach Indien war der Tafelberg lange Zeit Signal und Einladung, in seinem Schatten zu ankern.

Das aus einer Entfernung von bis zu 150 Kilometer sichtbare, oben abgeflachte Sandsteinmassiv, versprach frisches Fleisch, Wasser, sorgfältig bestellte Gemüsegärten an seinem Fuß. Aus diesen Gemüsegärten ist Kapstadt hervorgegangen«. Wir erfahren weiter, dass einst Briten eine Handvoll Sträflinge im zweiten Jahrzehnt des 17. Jahrhundert in der Tafelbucht aussetzten, die mit einem der nächsten Schiffe stiften gingen. Die Holländer waren es, die Mitte des 17. Jahrhundert eine ständige Niederlassung gründeten, dass die in Frankreich religös verfolgten Hugenotten Ende des 17. Jahrhunderts in ihre neue Heimat den Weinanbau mitbrachten.

Darauf stossen wir mit einem edlen Tropfen an, der mich verführt an einem afrikanischem Tanzkurs teilzunehmen. Zwei Sengalesen, die in Port Elizabeth aufstiegen, geben sich viel Mühe, den zumeist älteren Damen und zwei Herren, Gelenkigkeit zu vermitteln. Ich stelle fest, dass ich dabei ganz schön ins Schwitzen komme, die Bühnenreife jedoch nicht schaffe. Dafür habe ich fünf Gramm abgenommen. Auch Chorsingen, Kaffeetrinken, Bingospielen und ins Wasser gucken, steht noch auf unserer Agenda. Da treffen wir auch wieder den Gucker. Umgeben von wissbegierigen Passagieren.

GELD AUS DER WAND

Es grüßt also wieder der Tafelberg. Diesmal schmückt er sich mit einer nebligen Haube.

Kaum einer der Passagiere aalt sich noch in seiner Koje. Wieder ist das Kunststück zu bewundern, wie zielsicher die Männer auf der Brücke das Schiff durch die nur einhundert Meter breite Hafeneinfahrt lancieren. Noch dazu bei diesen Windböen. Beifall für den Kapitän und seine Crew.

Nach dem Frühstück gehen wir von Bord. Ich hole aus der »Wand« einheimisches Geld. Dabei muss ich jedesmal an die Reise zu den Pygmäen im zentralafrikanischen Regenwald denken. Sie waren ganz aus dem Häuschen über unseren Besuch. »Endlich können wir klären, ob tatsächlich in Europa Geld aus der Wand kommt. Einige unserer Brüder behaupten, das in Paris gesehen zu haben,« sagte der Stammesälteste. Wir bejahen – die Pygmäen jubeln.

Vom Regenwald nach Paris

Sie singen, tanzen, nehmen uns in ihre Mitte. Und so erfahren wir auch mehr von der Pariser Geschichte. Der Stammesälteste gibt sie gestenreich zum Besten: »Ein französischer Radioreporter war begeistert von unserem Gesang. Das muss ganz Frankreich hören, meinte er immer wieder. Er zauberte einige unserer Lieder in einen Apparat. Ein paar Monate später wurde unser Chor von der Frau des französischen Präsidenten nach Paris eingeladen. Sie hatte den Gesang im Radio gehört. Tagelang war Paris bei uns das Gesprächsthema. Alle freuten sich. Wir stellten einen Chor zusammen. Doch je weiter der Termin der Parisreise heranrückte, desto unruhiger wurden die Sänger. Schließlich verkrümelten sie sich in den Wald. Nach stundenlangem Suchen endlich hatten wir sie gefunden. Sie wehrten sich quasi mit Händen und Füßen. Wir brauchten viel Überredungskunst. Aber jetzt ging es um unsere Pygmäen-Ehre. Und ich denke, sie haben sie gut verteidigt. Auch wenn es einige kleine Komplikationen in Paris gab. Ein-oder-Zwei-Bett-Zimmer lehnten meine Sänger ab. Sie wollten alle zusammen in einem Raum schlafen. Das geschah dann auch …«

Zum ersten Mal in einer neuen Welt, das kann schon Angst machen. Schade, dass wir keine Zeit hatten, sie zur Jagd mit Pfeil und Bogen zu begleiten. Das wäre als Journalistin so ganz nach meinem Geschmack gewesen. Mir ist berufsmäßig wirklich schon viel Spektakuläres begegnet, da hätte eine Pfeil-und-Bogen-Jagd im afrikanischen Regenwald mir bestimmt viel Stoff für eine Reportage geboten. Was mich immer wieder beeindruckt: da leben Menschen ohne Strom, mit einem einzigen Brunnen, in Waldhütten, so wie ihre Vorfahren in eigener Kultur, weit ab von der Moderne, fröhlich und wie es scheint zufrieden. Wir leben im Überfluss, meckern …

Aber zurück zur Waterfront in Kapstadt. Die attraktiven Geschäfte ziehen magnetisch an. Hier eine Kette, da ein Messingbrieföffner, dort ein freches Shirt, Korallen, buntbemalte Straußeneier oder ein lederner Rancherhut? Unsere Taschen sind bis an den Rand gefüllt, der Geldbeutel leer. In der Kabine schauen wir uns die erworbenen Schätze an, beratschlagen, wer welches Souvenir erhält.

Feuer und Zwölf-Gänge-Menü

Signal Hill ist einer der besten Aussichtspunkte Kapstadts, die als die viert schönste Stadt der Welt gilt. Einst wurde die 350 Meter hohe zum Tafelbergmassiv gehörende Erhebung als Signalposten genutzt. Damals wie heute pünktlich zwölf Uhr ist der Kanonenschuss weithin zu hören. Die Reiseleiterin behauptet, dass selbst die Atomuhr nach dem Kanonenschuss ausgerichtet ist. Leider wurde aus dem faszinierenden Ausblick auf die Stadt nichts.

Durch eine achtlos weggeworfene Zigarettenkippe, so wurde uns gesagt, brach ein Feuer aus, das durch den meist hier stark herrschenden Wind sich schnell verbreitete. Die Reiseleiterin dirigierte daraufhin den Bus auf einen Parkplatz am Meer. »Ist doch herrlich hier« macht sie sich selbst Mut für ihre Entscheidung. Der Fahrer, der sich im Nu in einen Ober mit Fliege verwandelte, schenkt Champagner aus. Romantik pur bei glutrotem Sonnenuntergang für die einen, Grund zum Meckern für andere. In einem afrikanischen Spezialitätenrestaurant warten zwölf Gänge auf uns.

Verschiedene Suppen, Mais-Oblaten, Reis mit Huhn, ein mit Aprikosen und Mandeln gefüllter Hackfleischauflauf, Krustentiere, Garnelen, gefüllter Apfelkuchen … Die Hitze ist unerträglich. Die, für unsere Nase fremdartigen, Gerüche sind es auch, sodass der Gang nach draußen für uns beide der schönste Gang ist.

Traumschiff – ich war dabei

An der Pier hat das ZDF-Traumschiff festgemacht. Es liegt vis-à-vis, weckt Erinnerungen.

Am 16. Mai 1998 startete die Jungfernfahrt von MS »Deutschland«. Damals die Königin unter den Kreuzfahrtschiffen. Ich gehörte zu den Journalisten, die Reeder Peter Deilmann dazu eingeladen hatte. Ein schwimmendes Grandhotel im Stile der 20er Jahre mit Kaisersaal, Salon Lili Marleen, der Bar zum Alten Fritzen, den Restaurants Berlin, Vierjahreszeiten ... Grandsuiten mit eigenem Butler, Komfortkabinen, Wellnessbereich im Jugendstil undundund. Ich, die kleine Traudel, inmitten deutschlandweiter Prominenz in solch einem Glanz – unbeschreiblich. Obwohl das wiederum auch nicht ganz stimmt, denn ich schrieb ja über die Lady, die Jungfernfahrt. Das und noch einiges mehr tische ich Werner auf. Gelassen, wie immer, erträgt`s er.

Auf den Spuren Mandelas

Am nächsten Tag ist Robben Island unser Ziel. Schlange stehen an der Kasse. Eine Stunde Wartezeit bis der nächste Katamaran fährt. Also Gelegenheit einem spontanen Konzert, das hier fast an jeder Ecke erklingt, zu lauschen. Nach etwa zwölf Kilometer Fahrt auf dem Katamaran ist die nördlich des Tafelberges gelegene Gefängnisinsel in Sicht. Während dieser Fahrt habe ich mich saublöd verhalten. Werner bat mich in dem kleinen Bordshop einen Schokoriegel zu kaufen. Zehn Euro? Das war mir zu teuer. Werner schüttelt den Kopf. Oder hat die Verkäuferin zehn Rand (einheimische Währung) verlangt. Genauso ist es, stelle ich auf der Rückfahrt fest.

Bei sengender Sonne betreten wir die fast baumlose Insel. Ich schwitze, fühle mich unwohl, bewundere Werners Kondition. Wir stehen in dem Steinbruch, in dem einst Nelson Mandela arbeiten musste, laufen über die Gefängnishöfe, sitzen in der engen Zelle, in der Mandela zwanzig Jahre verbrachte. In Erinnerung schrieb Mandela: »An manchen Tagen schien es, als würden alle Lebewesen, die Möwen, die Bachstelzen, ja sogar vereinzelte Grashalme in der Sonne lächeln. Bei solchen Gelegenheiten wurde mir bewusst, dass selbst diese kleine, abgeschlossene Ecke der Welt ihre Schönheit besaß. Dann war ich sicher, dass mein Volk und ich selbst eines Tages frei sein werden.« 1994 wurde Nelson Mandela Präsident von Südafrika.

GUCKER TRAUERT NOCH IMMER UM PETER

Im letzten Licht des Tages nimmt »Astoria« Kurs auf Nambia. Das Thermometer zeigt 30 Grad.
Achtern sitzt wie immer der Gucker. Wir sagen Hallo. Er schaut traurig, erzählt, dass er an beiden Tagen in der

Nähe vom Kap der Guten Hoffnung saß, um an Peter zu denken.

Seinen besten Freund. Peter stammte aus dem Erzgebirge. »Wir stiegen beide als Matrosenlehrlinge auf, freundeten uns an, galten als unzertrennlich. Anfangs hatte er Probleme, wenn andere ihn Knüppelschnitzer nannten. Bald hatte jeder seinen Spitznamen weg. Walter aus Suhl war an Bord der Schluchtenjodler, der Mecklenburger ein Fischkopp ... Peter war ein Freund, wie er im Buche steht. Lustig, zuverlässig, strebsam, auch sentimental. In dieser Phase stimmte er öfters das Lied an:

Auf einem Seemannsgrab, da blühen keine Rosen,
Auf einem Seemannsgrab, da blüht kein Blümelein.
Den letzten Gruß den scheißen dir die Möwen ...

Ich weiß nicht, ob er geahnt hat, dass es mit ihm so kommen wird. Wir fuhren beide als Matrosen auf einem Tanker. Da der Suezkanal durch Krieg geschlossen war, mussten wir rund um Afrika schippern. In der Nähe vom Kap der Guten Hoffnung, wir Seeleute sagen, Kap der Stürme, jagte eine 12 über uns hinweg. Ein Höllenspektakel. An Deck war ein Seil gerissen. Peter und Jan sollten es vertauen. Vorschriftsmässig abgesichert, gingen sie ans Werk. Eine Monsterwelle riss Peter mit. Jan hatte Glück. So hart ist Seefahrt, nix mit Romantik, verehrte Dame oder ?« Wir können seinen Schmerz verstehen, bitten den Barkeeper um drei Gläser Stolnitschnaja, trinken auf Peter, den Freund des Guckers, werfen die Gläser in die aufgepeitschte See. Zum Wohle, Peter. Der Gucker summt: Auf einem Seemannsgrab ... Wir gehen in die Koje.

HAT EIN SCHIFF EINE SEELE?

Seetag. Das Meer zeigt sich launenhaft. Das kann uns die Laune nicht verderben. Wir aalen uns am Pool, dösen vor uns hin, genießen den frischen Wind, der uns um die Nase weht, holen uns fast einen Sonnenbrand. Mir kommt ein Journalist in den Sinn, der auf der Werft im finnischem Turku, in der die cara, das erste Schiff der AIDA Flotte auf Kiel gelegt wurde, meinte, dass diese moderne AIDA Konzeption Schiffe mit einer besonderen Seele hervorbringen werde. Er hatte Recht, denn die zwischenzeitlich starke Kussmund-Flotte besticht ja durch ihren besonderen Charme. Aber Seele – hat ein Schiff überhaupt eine Seele? Heinrich Heine soll einmal gesagt haben: »Das Meer – wie meine Seele.« Philosophisch gesehen hat alles Lebende eine Seele – oder nicht? Ich werde Werner fragen.

»Delfine backbord«, ertönt es aus dem Bordlautsprecher. Ich springe auf – mit mir etliche andere – zücke meine Kamera – keine Delfine. Ein Scherz? Ein Pärchen schwört, zeigt ein Foto ihres Handy`s. Ich sehe nur Wasser ... Immer wieder entwischen mir die lustigen Gesellen. Kam ich während meiner Kreuzfahrten auf die Brücke – als Journalistin hatte ich öfter die Gelegenheit dazu – erzählten mir Offiziere Delfin-Geschichten. Gesehen habe ich sie zumeist nur in bebilderten Kreuzfahrtkatalogen.

Denkste ich bin ein Spinner?

Der Gucker an seinem angestammten Platz, schaut seit Stunden aufs Meer. Spricht mit keinem. Er wolle auch nichts zu trinken, flüstert mir ein Barkeeper von der Poolbar zu. Ich zucke mit den Schultern, denke mir, dass er mit seinem Freund Peter Zwiesprache hält, der in dieser Gegend von einer Monsterwelle erfasst wurde. Das hatte er uns kürzlich erzählt und behauptet: Er fühle, dass der Peter immer in seiner Nähe sei, sobald er ein Schiff betrete. Egal an welchem Ende der Welt. Er hole sich bei ihm Ratschläge, spreche mit ihm, sehe ihn vor sich mit seinem spitzbübigen Gesicht, höre seine Lache. Das sei ein Grund, warum er vom Meer nicht los komme. »Denkste ich bin ein Spinner. Ist mir egal, meine liebe Romantikerin. Dein Partner und Poet Werner ist aus ähnlichem Holz geschnitzt wie ich. Durch seinen viele Monate dauernden Indientörn auf einem Handelsschiff erlebte er das wahre Seemansdasein hautnah. Wenn auch als Schriftsteller.

Hat mir sehr gefallen, sein ›Indisches Tagebuch‹, das mir eines schönen Tages an Bord der ›Halberstadt‹ in die Hände fiel. Hätte nie geglaubt, den Schriftsteller Heiduczek zu treffen. Jetzt sitzt er mit mir hier an Bord.«

MEILENSCHWINDEL, DIAMENTENFELDER UND HAVANNA

Am 3. Februar betreten wir namibischen Boden. In Lüderitz. Hafen und Stadt benannt nach dem Bremer Großkaufmann Alfred Lüderitz. Er kaufte das Land 40 mal 20 Meilen für 100 Goldpfund und 250 Gewehre einem Stammesführer ab. Dass dieser damit fast sein ganzes Land einbüßte, stellte er bei der Landvermessung fest. Denn der Häuptling ging von der englischen Meile (1.6 km) aus. Der Bremer Kaufmann hatte die preußische Meile (7.5 km) im Blick, so dass aus 40 x 20, 300 mal 150 km wurden. Ein Meilenschwindel, der in die Geschichtsbücher einging. Lüderitz hisste 1883 die deutsche Fahne und es entstand ein richtig kleines deutsches Städtchen. Das ist es auch heute noch. Mit deutschen Straßennamen, deutschen Geschäften und Einwohnern, die ein lupenreines Deutsch sprechen. »Darauf legen wir sehr viel Wert«, sagt Heidi Schmidt, unsere Reiseführerin, die uns mit stolzer Miene durchs Städtchen führt und mit uns hinaus auf die einstigen

Diamentenfelder fährt. In die Diamentensiedlung, heute Geisterstadt Kolmannskuppe. Benannt nach Jan Colemann, der einst mit einem Ochsenkarren in den Sanddünen stecken blieb. Wir stehen in einem der zwei Häuser, die als Museum von der Blütezeit der Diamantensiedlung berichten. Sie begann mit einem glitzernden Stein, der sich als Diamant entpuppte. Gefunden von einem deutschen Ingenieur während des Baus einer Schmalspurbahn durch die Sandwüste. Es entstand eine komfortable Stadt aus Steinhäusern mit Theater, Schwimmbad, Ballsaal, Schule, Sportstätten, Eisfabrik, einem E-Werk ... In einem kleinen Museum erzählen Dokumente, Möbel, Wäsche, Familienbilder aus dem Leben der an die 400 weißen Einwohner, die das Wasser aus dem tausend Kilometer entferntem Kapstadt bezogen. So lange bis die Diamentenfelder leer geräumt waren. Von der Schufterei der Arbeiter in sengender Sonne, ihrem mehr als kargem Leben, ist kaum die Rede. Ehe wir wieder in den Bus steigen, Werner, der Gucker und ich, setzen wir uns in eine Düne, lassen den Sand durch unsere Finger rieseln, sprechen über Glücksritter. Ich denke an den Typ im Flugzeug, der auf den Seychellen nach einem Schatz sucht, überzeugt ist, ihn eines Tages zu finden. »Diese Tagträumer kenne ich zur Genüge. Ich habe sie in Hafenkneipen in aller Welt getroffen« meint der Gucker. »Kaum ein Hemd auf dem Leib, kein Focken Cent in der Tasche, voller Gier nach Gold. Ihr Fund ist nur der Dreck, das

Elend. Den Reibach machen immer die anderen. Genau wie es auch hier war,« ist Hansi überzeugt. Heißt er eigentlich Hans, ist es sein Spitzname oder? Der Gucker guckt verschmitzt. »Weißt Du, es war in Havanna. Die Mädchen, eine schöner als die andere, riefen mich Hansi. Ich fand das blöd. Der Kapitän fand es gut. Er meinte – wer so aussieht wie du blond, blauäugig, echt germanisch, der ist eben der Hansi.

»Und wie heißt Du nun wirklich?« Wieder keine Antwort von dem Mann, der Nietzsche zitiert, den Faust aufsagt, das Kapital von Marx kennt – sich klug und undurchsichtig zugleich gibt. »Wir haben doch noch Zeit,« versucht er mich zu trösten. Heidi bläst zum Aufbruch. Die Anker sind gelichtet – Walvis Bay, der einzige Seehafen zwischen Kapstadt und Angola und viele neue Erlebnisse warten auf uns.

Bekanntschaft mit einer Zweitausendjährigen

Es ist 7.30 Uhr. Der Hafen von Walvis Bay steckt voller Schiffe, hupender Autos, buntem Völkergemisch. Wir lesen an Deck die Bordzeitung, die täglich auf der Kabine liegt. Tatjana, unsere Kabinenstewardess kreuzt unseren Weg zum Frühstück. Sie ist kaum wieder zu erkennen. Das Haar offen, super modern gekleidet, wie eine Diva bei der Echo-Verleihung, steht sie an der Gangway, wartet auf ihren Freund, den Nautiker

Sascha. Hübsches Pärchen, sagt meine Kabinennachbarin, die mich spät abends immer mit ihrem Gesang »erfreut« und jetzt »Schön ist die Jugendzeit« trällert.

Wir stimmen uns ein auf unseren Landgang in die namibische Wüste. Gleich hinter dem Hafen tauchen bis zu 300 Meter hohe Sanddünen auf. Die höchsten der Erde heißt es. Wir stehen vor der Düne Nummer 7. Sieben deshalb, weil sie sieben Kilometer von Walvis Bay entfernt liegt. Sie ist, wie andere auch, Tummelplatz für Skispringer, Snowboarder, Motorradfahrer, Fluggerätebesitzer …
Passagiere steigen auf ein Motorrad, breschen die Düne hinab, schwärmen noch Tage von dem Ereignis. Der Bordfotograf hält alles im Bild fest und so bieten die Bord-Fototafeln ausgiebigen, mitunter auch gehässigen, Gesprächsstoff unter den Passagieren. Wir durchqueren unendliche Weiten. Sanddünen, vom Wind wunderbar gezeichnet, wechseln ab mit steiniger Wüste, in der die berühmten »Welwitschia mirabilis« zu Hause sind. Sie gedeihen nur hier in Nambias Wüste.

Tau und Nebel halten sie am Leben und das bis an die 2.000 Jahre. Im März entfalten sie alljährlich ein Blütenmeer. Benannt nach dem österreichischen Arzt Dr. Welwitsch, der sie 1859 entdeckte.

Staunend stehen wir vor dem Fossil, fotografieren es von allen Seiten. 2.000 Jahre, kaum zu glauben.
»Aber wahr«, schwört Heidi, unsere Reiseleiterin. Wissenschaftler haben das herausgefunden.

Springböcke , Strauße. Adler, Falken, kreuzen unseren Weg. In der Ferne grüßt ein See, der sich beim Näherkommen als eine Fata Morgana entpuppt. Die weißen Farbtupfer zwischen dem rotgoldenem Sand und den grauschwarzen Kieselebenen sind Salz. Ein paar Kilometer weiter haben erloschene Vulkane das Land in eine geisterhaft bizarre Landschaft verwandelt. Schaurig wäre es auch an der Skelettküste. Leider liegt sie nicht auf unserem Weg.

Haben Sie schon Luther besucht?

In Swakopmund sieht die Welt wieder ganz anders aus. Eingerahmt von Sanddünen und kristallglitzerndem Meer liegt dieser bei vielen Touristen beliebte Ferienort. Puderzuckerfeiner Sandstrand, elegante Hotels, Pensionen, gepflegte mehrstöckige Wohnhäuser und Parks mit einer Kaiser-Wilhelm, einer Hindenburg-, Bismark-, Goethe-Straße, einer deutschen Brauerei, deutschen Restaurants, deutschen Namen wie Schmidt, Meier, Müller, Schulze … Nostalgiker bezeichnen diesen Zipfel am Südatlantik als ein Stück wilhelminisches Deutschland. »Hast Du Appetit auf ein Stück Kuchen« fragt Werner in der Nähe eines deutschen Cafe`s. Ich habe.
Ehrlich, so ein Plunderstück mit Erdbeeren bestückt, Schaumwürfeln verziert, habe ich noch nie gegessen. So was Feines weit weg vom Schuss, da könnte

sich manches Café in unseren Gefilden eine Scheibe abschneiden. »Haben Sie schon das Luther Denkmal besucht« fragt die hübsche Kellnerin im Berliner Dialekt. »Luther?« »Ja, ja Luther« sagt sie. »Vor der Stadt steht auf einem Sockel eine über hundertjährige Dampfzugmaschine, die kaum funktionierte. Ein Witzbold hatte auf einen Zettel in Anlehnung an Luther`s Worte notiert: ›Hier stehe ich, ich kann nicht anders‹.

Ist doch lustig oder?« Wir nicken, versprechen, Luther zu besuchen. Und tatsächlich fahren wir auf dem Weg zum Hafen an diesem technischen Denkmal vorbei, halten es im Bild fest.

SEEBÄR SCHUBST UND ANDERER KLATSCH

1.223 Seemeilen, das sind drei Seetage bis St. Helena. Also wieder volles Bordprogramm: Yoga, Wurftaubenschießen, Tischtennis, Schwimmen, Seidentücher bemalen, Tanzen, Skaten, Bingo, Chorproben, Konzerte, Vorträge, Computerkurs, Modenschau, Party und Show.

Da sage noch einer, auf einem Schiff sei es langweilig. Wir drehen ein paar Runden im Pool, lesen, lassen die Seele baumeln und hören rein in den Bordtratsch, der wie überall auf der Welt tolle Blüten treibt. Da ist eine Norddeutsche um die 70. Miss Europa wird sie an Bord genannt.

Gepflegt im Aussehen, weniger gepflegt im Umgang mit Stewards und Passagieren. Bei jeder Gelegenheit, ob man es hören will oder nicht, spricht sie von MS Europa. Da bewohne sie stets eine Grand Suite, habe einen Butler, alles sei viel edler als hier auf dem Vier-Sterne-Schiff. Überhaupt, früher da sei man noch unter sich gewesen. Heute treffe sie an Bord viele gewöhnliche Leute. Mit sehr mäßiger Bildung und wenig Anstand … Neuerdings steht sie jeden Abend mit einem Glas Champagner in der Hand in der Nähe der Brücke, wartet auf ein Zeichen des jungen feschen Kapitäns... »Da kann sie sicher warten, bis sie schwarz wird«, meinen die Passagiere, die mit der Dame den Tisch teilen müssen.

Ein Passagier fällt durch ein Pflaster an der Stirn, blauen Flecken im geschwollenen Gesicht und einer verbundenen Hand auf. Sein Ausflug führte ihn mit weiteren Passagieren in eine Seebärenkolonie. »Der Ausflugsleiter hatte uns gebeten Distanz zu den Tieren zu halten. Aber es war zu verlockend, den sich rekelnden Seebär ganz nah zu filmen. Ich robbte mich also ran und in dem Moment schubste mich eine von hinten kommende Seekuh ziemlich derb. Das Resultat kann jeder sehen.« »Wenigstens schöne Aufnahmen im Kasten?« fragt einer am Tisch. Der Schwabe winkt ab. »Meine ziemlich teure Videokamera ist hin, zerbrochen« fügt er resignierend an.

Mit vier Frauen ...

Auch von einem etwas undurchsichtigen Typen, der die meiste Zeit ins Meer stiert, ist die Rede. Er verschwinde öfters mit vier Frauen in deren Kabine. Dabei sei der doch längst keine zwanzig mehr. Ich lache mir eins ins Fäustchen. Der Gucker also ein Schwerenöter. Er amüsiert sich köstlich darüber. »Mensch, da kann ich doch vor Stolz rückwärts gehen. Wenn du willst,« sagt er zu mir »kannst du ja dem Affen noch Zucker geben und verbreiten, dass wir miteinander schlafen, auswürfeln wer die Erste ist.« Er grient ... Bekanntlich, ich erzählte ja schon davon, ist der Gucker mit einer der Damen seit längerem liiert und wenn alles gut geht, steht eine Hochzeit ins Haus. Die Erste für ihn, den ehemaligen Bootsmann.

Zum Wohl auf Neptun

Ich bringe Werner die Neuigkeiten. Er aber hängt seinen Gedanken nach. Sicher denkt er an St. Helena, unser nächstes Ziel. Nur deshalb hatte er diese Reise überhaupt gebucht. »Du weißt, mich interessieren bedeutende historische Personen. Seit meiner Kindheit bewundere ich Napoleon. Ein großer Franzose, der von seinem Volk verehrt wird. Ich möchte einfach mal auf seinen letzten Spuren wandeln.« Nun liegt das Ziel zum Greifen nah. Hoffentlich spielt Neptun mit. Momentan sieht es nicht danach aus. Obwohl der sternenklare Himmel das Kreuz des Südens weithin leuchten lässt. »Ihr müsst ganz einfach auf das Wohl von Neptun trinken. Damit stimmt ihr ihn freudig« scherzt Steward Edwin aus Utrecht, der uns am Pooldeck bedient. So lassen wir mit Wodka den Beherrscher aller sieben Meere hochleben. Und siehe da: Am nächsten Morgen kann die weiße Lady die Anker werfen. Der Kapitän hatte mich auf die Brücke eingeladen, weil er gehört hatte, dass Werner unbedingt seinen Fuß auf St. Helena setzen möchte. Bei einem frischgebrühten Kaffee erzählt mir der Kapitän, dass von zehn Kreuzfahrtschiffen höchstens drei das Glück einer fast spiegelglatten See haben, denn nur so kann man von Reede an Land tendern.

Nun liegt die Insel zum Greifen nahe vor uns. Die Morgensonne verwandelt das graue Lavagestein in rotgold glänzende Felsen.

Ein Sprung vom Boot zum Kai – wie einst Kaiser Napoleon

Freudestrahlend wecke ich meinen Schatz. Gleich nach dem Frühstück geht's ab ins Tenderboot.

Ein Sprung vom Boot auf eine der wenigen Stufen am Kai – Seeleute helfen uns dabei – und wir betreten das vulkanische Eiland auf die gleiche Weise wie einst Kaiser Napoleon. Er ist in sein Exil geritten. Wir fahren mit dem Bus. Von Jamestown, dem Hauptort der 122-Quadratkilometer-Insel, auf der etwa 6.000 Menschen ein beschauliches Leben führen, über gut ausgebaute Straßen ins Landesinnere. Beeindruckend die gegensätzliche Vegetation. Soeben noch Vulkangestein, grüßen gleich darauf grüne saftige Wiesen mit weidenden Kühen, Kiefern und Tannen. Ein Stück weiter gewinnt die Exotik die Oberhand. Blühende Bäume, Palmen, von Yuccas bewachsene Hügel, Blumen über Blumen. Dazwischen immer wieder prächtige Ausblicke auf den Südatlantik.

HEUTE NOCH IMMER PILGERSTÄTTE

Auf weichem Gras schreiten wir dahin zum ehemaligen Grab Napoleon`s, das in einer kleinen Bucht, umgeben von einem Blütenmeer, liegt. Am Mast weht die französische Trikolore. Obwohl die sterblichen Überreste 1840 nach Paris überführt wurden, ist dieser Ort noch heute eine Pilgerstätte.

Ein paar Kilometer weiter treffen wir auf das Haus in Longwood, das der Kaiser als Gefangener der britischen Krone mit seinem Gefolge bewohnte. Hier sei alles so geblieben, wie damals, versichert ein Einheimischer. Wir besichtigen sechs Privaträume, in denen

Napoleon schlief, aß, Schach oder Billard spielte, laut Geschichtswerke oder klassische Dramen vorlas. In der großen Zinkbadewanne fehlt nur noch das Wasser … Das Bett, in dem er starb, füllt einen Raum. Der Speisesaal vermittelt den Eindruck, als würde der Monarch mit seinen Leuten gleich an der gedeckten, mit großen Kerzenständern bestückten Tafel, Platz nehmen. Der dazugehörige Garten – in diesem soll der Monarch Gemüse angebaut haben – besticht durch schattige Bäume. Zwei dieser heutigen knorrigen Riesen habe Napoleon selbst gepflanzt, behauptet eine alte Dame, die das Anwesen Napoleons bewacht. »Das war ein feiner Mann. Schade, dass ich ihn nie getroffen habe. Ich hätte ihm meine Dienste als Haushälterin angeboten« sagt sie und schenkt mir ein Foto von St. Helena.

Wie hat Napoleon das verkraftet?

Ob sie weiß, dass der Kaiser »ihre« Insel ein wahres Sibirien nannte, nur mit dem Unterschied, dass an Stelle der Kälte die Hitze tritt. So steht es im Tagebuch vom 22. Oktober 1815 seines Adjudanten. An anderer Stelle ist zu lesen, dass er sich über die nichtswürdige Behandlung bei der englischen Regierung beschwerte. »Ein Kaiser, der über Kronen verfügte, wurde in eine elende Hütte verwiesen. Zu seinem Unterhalt bringt man von weit her einige dürftige Gerichte; es fehlt am Nothwendigsten, das Brod ist nicht wie wir es gewohnt sind, der Wein auch nicht. Caffee, Butter, Oel, alles abscheulich!«

Ein Napoleon, der nicht nur große Teile Europas beherrschte, nun eingeengt in einem Umkreis von acht Kilometern, auf dem er sich bewegen durfte. Erst soll er immer noch ausgeritten sein …

So jämmerlich können Machtbesessene enden.

Werner Heiuczek grübelt vor sich hin. Er bemerkt gar nicht, dass wir schon vor dem parkähnlichem Anwesen des englischen Gouveneurs angehalten haben. Die Familie ist nicht zu Hause. Dafür die einhundert Jahre alte Schildkröte. Werner legt sich vor ihr in`s Gras, spielt mit ihr, krault ihren Hals, den sie immer weiter rausreckt. Die Berührungen scheinen der alten Dame zu gefallen. Sie macht es sich neben meinem Poeten bequem …

Kaffeebohnen und Briefmarken – zwei Insel-Kostbarkeiten

Als wir an der Jakobsleiter stehen, deren 699 in die Felsklippen gehauenen Stufen entweder auf den Berg oder hinunter nach Jamestown führen, entscheiden wir uns für die bequemere Variante, wählen weiter den Bus. »Mal sehen, wer eher unten ist« scherzt einer der stufensteigenden Passagiere. Vor Jamestown verlassen wir den Bus, schlendern die Hauptstraße entlang, deren Häuser rechts und links wie ausgestorben scheinen. In einem kleinen Cafe wird uns ein duftender, wohlschmeckender Kaffee gereicht. Der Wirt erzählt von eigener Ernte, davon, dass in England damit Spitzenpreise erzielt werden, davon, dass die englische Königin nur Kaffee von dieser Insel trinke. Seine kleine Kaffeebaum-Plantage liege einige Kilometer weiter südlich. Also schlürfen wir das Schelchen Heeßen, fühlen uns wie die Königin von England. Natürlich wandern 250 Gramm dieser Kostbarkeit für zwanzig Dollar in meine Tasche. Eine weitere Kostbarkeit, bei deren Anblick, so vermute ich, Sammlerherzen höher schlagen, sind die St. Helena-Briefmarken, die es nur hier gibt. Ich krame nach meinem Adressbuch, beschreibe Ansichtskarten und beklebe sie mit den wertvollen Briefmarken. In der Kirche begrüßt uns der Bischof mit selbstgebackenem, wunderbar schmeckendem Kuchen. Frauen reichen Kaffee und Tee. Der Bischof spricht über die zusammen gewürfelte Bevölkerung: es sind Nachkommen britischer Siedler, afrikanischer Sklaven, Asiaten, die 2.000 Kilometer vor der afrikanischen Westküste, friedlich miteinander leben.

St. Helena Traum erfüllt

Durch die Verbannung Napoleons, ist dieser kleine Punkt im Atlantischen Ozean weltweit bekannt geworden, erklärt der Bischof und segnet uns. Ein Blick auf die Uhr, das letzte Tenderboot wartet. Voller Euphorie verlässt mein Poet die Insel. Sein St. Helena-Insel-Traum hat sich erfüllt. Ich hatte in meiner Kolumne in der Leipziger Rundschau über St. Helena berichtet. Ein Anrufer vom Napoleon-Verein gratulierte uns, erzählte, dass einige Mitglieder schon öfter Anlauf genommen hätten, um auf die Insel zu kommen. Bisher sei es daran gescheitert, dass St. Helena weder über einen Flugplatz noch einen Hafen verfügt, also nur die Schiffsvariante bleibt.

Hochzeitsmahl: Erbsen mit Speck

Wieder an Bord gibt es großes Hallo. Ein Pärchen hat, während wir auf St. Helena waren, geheiratet und unser Schiff in ein Blütenmeer verwandelt. Der Bräutigam, ein Landschaftsgärtner mit eigenem Geschäft, kaufte die Blüten, den Brautstrauß in Kapstadt. Als ganz privaten Hochzeitsschmaus soll es Erbsen mit Speck gegeben haben. Das Lieblingsgericht der Braut. Beim offiziellen Hochszeitsdinner mit Kapitän, Zeugen, Verwandten, wurde ein vom Berliner Chefkoch zubereitetes Fünf-

Gänge-Menü serviert. Wir essen zum Abend nur eine Kleinigkeit, trinken dazu ein Glas Rotwein oder auch zwei. Damit haben wir die richtige Bettschwere.

Teufelsgeiger flirtet mit weissem Hai

Ein mit Herzchen versehener Briefumschlag wird unter der Tür hindurchgeschoben, als ich aus der Dusche komme. Wer schreibt mir da einen Liebesbrief? Etwa Werner? Ein Buch hat er mir ja schon gewidmet. »Die Schatten meiner Toten«. Nein, es ist eine Einladung vom Gucker.

Überraschungsparty nennt er es. 20 Uhr, Bibliothek. Will er uns etwas vorlesen? Wir sind gespannt. Ich habe mich am Nachmitag mit dem Geiger Jiri Erlebach verabredet. Er soll mit Haien tanzen.

Stimmt das? Er lächelt, schaut mich an, fragt, ob ich Lust auf Hai hätte. »Haie, vor allem die weißen sind wunderbar und nicht so angriffslustig, wie immer geschrieben wird« meint der aus Mährisch-Ostrau stammende Künstler. Er bereist mit seiner Teufelsgeige die Welt, erfreut Passagiere auf Kreuzfahrtschiffen. Während unserer Liegezeit in Kapstadt schwamm er mit einem weißen Hai. Ein südafrikanischer Fernsehkameramann begleitete ihn. Jiri zeigt mir die spektakulären Aufnahmen, die das südafrikanische Fernsehen auf Jiri`s Handy überspielt hatte. Der Tierliebhaber redet mit See-Elefanten, Robben, auch wenn`s in deren Kolonien nicht gerade gut riecht. »Ich hatte dazu reichlich Gelegenheit. Deshalb habe ich die Reise besonders gern angetreten,« gesteht er. Sein Wohnzimmer habe er mit neun Haifischgebissen geschmückt. Mit Leipzig hatte der Weitgereiste bisher nur eine Begegnung. »Weihnachten stieg ich auf dem Hauptbahnhof um. Die Wartezeit verkürzte ich mit einem Spaziergang durch die so herrlich geschmückten Promenaden.«

Ich fotografiere den Teufelsgeiger, der mit dem Hai per du ist, maile Foto und Text für die Seite: Leipziger Stadtgeflüster im SachsenSonntag.

Der Gucker im Smoking –
was steckt dahinter?

Zur verabredeten Zeit steuern wir die Bibliothek an. Die Vorhänge sind zugezogen. Hat uns der Gucker genarrt? In dem Moment öffnet sich der Vorhang. Er bittet uns einzutreten.

Kann ich meinen Augen trauen? Der Gucker im Smoking – tatsächlich. Das darf doch nicht wahr sein. Ist es aber. Der Gucker amüsiert sich über unsere erstaunten Gesichter. »Seh ich nicht schnieke aus? Den Smoking habe ich mir ausgeliehen. Weil es stilecht sein muss. So wie im Film.

Schließlich ist es meine erste Verlobung – oder mach ich was falsch?«

Ich finde es sensationell. Die vier Damen, mit denen der Gucker öfter gesehen wurde, spazieren herein. Unter ihnen Heidelore, seine Angebetete. Die Mittsechzigerin hat ihr blondes Haar zu zwei Zöpfen frisiert. Sie rahmen ihr Gesicht ein. »Ick werd verrückt, Du im Smoking« berlinert sie. Auch ihre Freundinnen sind baff. Ein Steward schenkt Champagner ein, zieht sich diskret zurück. Der Gucker, Schweißperlen stehen auf der Stirn, hebt das Glas: »Meine liebe Heidelore, willst Du mich heiraten?« Heidelore stellt ihr Glas weg, hält beide Hände vor`s Gesicht, nickt mit den Kopf. »Mir verschlägt`s glattweg die Sprache. Ich habe alles erwartet, nur das nicht« gesteht sie, geht auf ihn zu. Sie fallen sich in die Arme, küssen sich. »Ach, ich habe ja was vergessen« sagt er, fingert in seinen Taschen. Ein Schmuckkästchen kommt zum Vorschein.

Darin die Verlobungsringe. »Hab ich hier im Juweliershop erstanden«, sagt`s, steckt Heidelore den Diamantring an den rechten Ringfinger, überschüttet sie mit Orchideenblüten, die er auf St. Helena kaufte und sagt: »Damit sind wir verlobt.« »Falsch« protestiert Freundin Erika. »Rechts bedeutet verheiratet, links verlobt« belehrt sie. Der Smokingträger winkt ab. »Ist doch egal.« Wir strahlen alle zusammen um die Wette, erheben das Glas ... Stewards servieren feine Häppchen. Damit nimmt der Abend seinen Lauf. Die verwitwete Heidelore, immer noch ein wenig fassungslos, spricht über ihr Leben, über ihre Arbeit beim Berliner Senat, ihr noch kurzes Rentnerdasein … »Wie habt Ihr Euch überhaupt kennengelernt, frage ich. »Auf diesem Schiff,« sagt der Gucker. »Es muss vor drei Jahren gewesen sein. Ich glaube auf der Mittelmeertour.

Ihre Erscheinung, die blonden Locken, das Lächeln, ihr Gang, ihre zurückhaltende Art, alles an ihr gefiel mir. Am Abschiedsabend holte ich sie zum Tanz. Wieder und wieder. Wir tauschten unsere Telefonnummern aus. Ich erreichte sie nie. Ein halbes Jahr später erspähte ich sie wieder an Bord, natürlich mit den anderen drei Damen … Es stellte sich heraus, dass Heidelore`s Telefonnummer nicht vollständig war. Hatte mir wirklich die Finger fast wund gewählt« gibt er heute abend noch einmal zum Besten. »Schön ist, dass wir vieles gemeinsam haben. Wir lesen viel, reisen, am liebsten mit dem Schiff, lieben Tango und Waldspaziergänge, kehren gern mal ein. Mir gefällt an ihm auch, dass er sein Herz nicht auf der Zunge trägt, zeitweise wortkarg ist, wie hier an Bord mit Bootsmannspfeife und Fernglas … Das weitere« so Heidelore, wisst Ihr ja …«

Wir wissen seit heute abend auch, dass der Gucker – so nannten ihn die Passagiere auf einer Karibikreise – weder Alfredo noch Hansi, sondern Roland heißt. Der ehemalige Bootsmann stammt aus Greifswald, wohnt in der Nähe von Ribnitz-Damgarten.

In Berlin wollen sie heiraten, mich und Werner dazu einladen … Weinselig wanken wir in unsere Kabinen.

… DA MACHEN SICH DIE FISCHE AUS DEM STAUB

Am nächsten Vormittag – wir sind noch immer auf dem Seeweg nach Acsension – treffe ich den Gucker, in Begleitung der vier Damen, wieder Achtern. Neugierige wollen wissen, was es im Wasser zu sehen gibt. »Bald Delfine,« lautet seine Antwort. Ich weiß, dass er sich daraus einen Spaß macht. Fliegende Fische, die haben wir zu hauf gesehen. Im Indischen Ozean, im Atlantik. »Du weißt, Traudel, ich war 45 Jahre bei der christlichen Seefahrt. Aber mit den Delfinen ist das so einer Sache. Erstens hat man gearbeitet, hatte also gar keine Zeit ins Wasser zu gucken. Manchmal kam von der Brücke ein Hinweis, vor allem, auch wenn Wale gesichtet wurden und zweitens gaben die Delfinrudel zumeist dann ihre Vorstellung, wenn du gerade was anderes gemacht hast. Ich versteh schon, dass die Passagiere erleben möchten, was Reisekataloge suggerieren: Kreuzfahren und springende Delfine sehen. Aber so ist es eben nicht. Zumal die Ozeane voll sind von großen Tankern, Handelspötten, Kreuzfahrtschiffen. Da machen sich die Fische aus dem Staub, suchen ruhige Ecken … Wir würden es doch ebenso machen – oder? Aber das erzählen? Nee, das ist nicht mein

Ding. Bald kommen Delfine ist doch 'ne schöne Antwort. Man soll den Leuten nie die Hoffnung nehmen. Stimmt`s?«

Er wendet sich wieder seinem Harem zu, der es nun auch lustig findet, wenn Passagiere nach den Delfinen fragen.

Diese Briefmarken – ein echte Rarität

Nachmittags plaudere ich mit Jo Brauner. Dreißig Jahre war er der 1. Mann der ARD Tagesschau.

Jetzt hält er Vorträge, wie hier auf dem Schiff, bespricht Hörbücher, moderiert Sportveranstaltungen trifft sich mit den einstigen ARD-Tagesschausprechern wie Dagmar Berghoff und Wilhelm Wieben. Wir kommen auf Leipzig zu sprechen, damit auf das Pädagogische Institut, in dem er als Student ein- und ausging. Dabei erzählt mir der Journalist, dass er während seiner Studentenzeit in Leipzig beim Bau des Zentralstadions mithalf, in der Gustav-Adolf-Straße wohnte. »Riesig habe ich mich auf dieser Reise über die Briefmarken gefreut, die ich auf dem Postamt von St. Helena kaufen konnte. Eine echte Rarität« meint der leidenschaftliche Briefmarken- und Münzensammler, den ich übrigens im Kartenzimmer öfters beim Skatspielen sehe. »Auch eine Leidenschaft« gesteht er.

Hier auf dem Mond gelandet?

Am Morgen des 11. Februar umkreisen Seevögel unser Schiff. Wir liegen vor Ascension, der Himmelfahrtsinsel. Sie gehört zusammen mit der Insel Tristan de Cunha politisch zur britischen Kronkolonie St. Helena. Neunzig Quadratkilometer groß, rückt Ascension immer mal wieder im Zusammenhang mit der Mondlandung ins Visier. Es hält sich das Gerücht, dass die Amis die Mondlandung auf Ascension inszenierten. Tatsache ist, so steht es in einschlägiger Literatur, dass die NASA hier von 1963 bis 1990 eine Bodenstation betrieb, auf der Raketentest`s zur Unterstützung des Apollo-Projekts stattfanden. Haben die Amis die Mondlandung hier inszeniert? Die Wahrheit dazu weiß sicher nicht nur der Wind …

Seltsam. Es gibt Augenblicke, in denen plötzlich Sehnsucht aufflackert. Sehnsucht nach blühenden Apfelsinenbäumen, nach einer Wiese mit vielen bunten Blumen. Diese Sehnsucht beschleicht mich beim Anblick der von der Morgensonne bestrahlten vulkanischen Insel. Dabei war ich gestern abend noch sehr gespannt auf den heutigen Tag. Wie stets gewinnt meine Neugier die Oberhand.

Also auf ins Tenderboot. Möglichst mit bequemen Schuhen. Denn die Landung soll hier noch abenteuerlicher sein als auf St. Helena. Wir machen uns auf eine Wasserlandung gefasst, sind fast enttäuscht, dass alles glatt geht. Rings um uns erstarrte Lava. Ein für meine Augen trostloser Anblick.

Da kommt mir wieder in den Sinn, ob Astronaut Neil Armstrong den Satz: »Dies ist ein kleiner Schritt für einen Menschen, aber ein großer Sprung für die Menschheit« bei seiner Landung auf dem Mond sagte oder ihn doch eher von hier, der Insel im Atlantischen Ozean, verkündete?

Heiss und karg

Wir »wandern« auf einer Betonpiste bei unbeschreiblicher Hitze zum Hauptort Georgetown. Hier und da ist ein Baum oder ein Strauch zu sehen. Ein paar Farbtupfer an Häuserwänden und in den Geschäften unter den Arkaden vermitteln ein freundliches Bild des Ortes. Hier sollen etwa 560 Leute leben, die Hälfte der Inselbevölkerung. Vor manchem Haus recken ein paar kümmerliche Blüten ihre Köpfchen hervor. Wenn die Charles Darwin sehen könnte. Als er vor 200 Jahren die Insel betrat, soll er angesichts ihrer Kargheit erklärt haben: »Diese Insel verwandle ich in einen Garten Eden«. Es blieb beim Wollen. Obwohl es hier bewaldete Flecken, eine unterschiedlichste Vegetation, geben soll. Dafür sind die Strände berühmt. An einigen Stellen, wegen starker Strömung jedoch für Badende, kreuzgefährlich. Der Kreuzfahrtdirektor kann ein Lied davon singen. »Bei meinem letzten Besuch schlug ich die Warnung in den Wind, versuchte mich abzukühlen, wär dabei fast ertrunken,« gibt er zum Besten. Ein Glück für mich. »Siehst Du«, meint Werner, der von meinem Plan hier zu baden wusste. »Mir wolltest Du ja nicht glauben.«

Türen schliessen wegen der Esel

Anstatt ins Wasser, gehen wir nun in die Kirche. Ich schau mir die am Eingang hängenden Porträts der Bischöfe an. W. läuft zum Altar. Plötzlich knallt`s. Das Kreuz liegt am Boden. Wenige Minuten später kracht es wieder. W. ist verschwunden. Ich bekomme es mit der Angst zu tun. Hat hier der Teufel seine Hand im Spiel? Ist das ein schlechtes Omen für unsere Weiterfahrt?

Ich bekomme das Zipperlein. Schließlich finde ich Werner neben dem Harmonium auf dem Boden liegend. »Ich wollte Dir ein Ständchen bringen. Dabei kippte der morsche Schemel um,« sagt er. Gottseidank geht`s ihm gut. Das mit dem Ständchen lassen wir sein.

Am Kirchenausgang hängt ein Schild, auf dem zu lesen ist: Bitte die Tür schließen wegen der wild umher laufenden Esel.

FEUCHT-FRÖHLICHE ÄQUATORTAUFE

Es ist soeben passiert. Wir haben den Äquator überquert. Ein sensationelles Ereignis ohne Glanz und Gloria. Stimmt auch wieder nicht. Denn ein durch Mark und Bein gehendes Signal kündigt das Auftauchen Neptuns an.(Es ist der Storekeeper) An seiner Seite thront Meeresnymphe Thetis. Sie gilt als die Schönste unter den Nereiden. In diese Rolle schlüpft Büroassistentin Nadin, die Posaunistin. Die feucht-fröhliche Party beginnt damit, dass Kapitän und Hoteldirektor Neptun ein paar Flaschen Whiskey überreichen, um ihn gnädig zu stimmen. Der brummelt Unverständliches in seinen Bart, scheint unzufrieden, fuchtelt mit den Händen, winkt seinem Gefolge, die aneinander gebundenen Täuflinge vorzuführen, um sie in sein Reich aufzunehmen. Zuvor muss jedoch das unwürdige Erdengewürm gehörig vom Schmutz befreit werden. Unter großem Hallo beginnt die Prozedur. Der Frisör (ein Koch) stutzt mit einem Holzmesser Bärte. Arzthelfer (Maschinenassistenten) tunken die Klobürste in ein Schaumfass, seifen die Täuflinge damit ein. Der Arzt (Steward) prüft mit einem Riesenrohr den Blutdruck, dreht die Probanden hin und her, stellt fest: Kerngesund. Jetzt kommen kettenbehangene furchteregende Gestalten zum Einsatz.

Sie »schleifen« die Kandidaten übers Deck hin zum Beherrscher der Meere. Nacheinander niederknien, seine mit Senf eingeriebenen Füße küssen, das versetzt den Bärtigen in gute Laune. Er schnipst mit dem Finger, Helfer packen die Täuflinge beim Schopf und ab geht's in den Pool. Auf Namen, wie Guppy, Fischschwanz, Kröte, Krebser, Krabbe oder Walfisch getauft, gehören diese Passagiere nun zum erlauchten Kreis Neptuns. Mit dem Taufschein in der Hand schmeckt der Wodka nach immer mehr. Einige Hobbyfilmer sind sauer. »Ich habe immer irgendwelche Köpfe vor mir gehabt, Scheibenhonig« schimpft einer …

Peitschenhiebe, Folterbank – demütigendes Ritual

Der Gucker hat sich die Zeremonie angeschaut, kommentiert das Gesehene mit Wohlwollen.

»Mensch, wenn ich da an meine Taufe denke. Ich war noch Lehrling. Das war gar nicht lustig.

Für die alten Fahrensleute war es das Gaudi. Endlich konnten sie mal nach Herzenslust die Sau rauslassen. Schon Tage zuvor gab es nur dieses Thema und viel Getuschel. Ich verkroch mich in meiner Koje. Das war das Dümmste, was ich machen konnte. Mit Peitschenhieben wurde ich aus der Koje gezerrt, an Deck gehievt. Auf allen Vieren mußte ich zu Neptun kriechen, ihn anbellen. Der Frisör bearbeitete meine Haare mit Harzer Käse, der zuvor zwei Tage in der Sonne stand. Ich stank zehn Meter gegen den Wind. Angeschnallt auf der Folterbank bekam ich weitere Hiebe, wurde mit faulen Eiern beworfen. Glück hatte ich beim Fass, gefüllt mit Essensresten. Als Lehrling hast du nur eine kleine Heuer, kannst also höchstens einen Kasten Bier ausgeben. So wurde ich mit dem Kopf zuerst nur zweimal in die üble Brühe getaucht. Manche mußten die Prozedur bis zu zehnmal ertragen. Als Sardine kam ich aus dem Spektakel heraus. Auch wenn es danach hoch her ging, viel WBS (Weinbrandverschnitt)getrunken wurde, war die Neptuntaufe für mich grausam, demütigend. Nachdem es zu fast tödlichen Unfällen kam, verbot unsere Reederei das Ritual. Dass die Taufe auf Kreuzfahrtschiffen auf die weiche Tour weiter lebt, finde ich okay«, meint der Gucker.

BUS HÄLT FAST AN JEDER HAUSTÜR

Das Tor zu Afrika, die Haupt-und Hafenstadt Dakar öffnet sich uns. Wir haben keine Lust auf Wolkenkratzer, Museen, Autolärm und Staub. Dafür Lust auf Strand. Angelika von der Rezeption nennt uns ein 5-Sterne-Hotel. »Dort ist alles vorhanden, Liegen, Sonnenschirme, gepflegtes Cafe« weiß sie. Auch, dass da ein Bus hinfährt. Gute Idee. Machen wir also eine kleine Stadtrundfahrt inmitten Einheimischer. Was wir nicht wissen: es gibt keine offiziellen Haltestellen.

Der Bus hält fast an jeder Haustür. Andere Länder, andere Sitten. Aber auch so eine Busfahrt hat mal ein Ende. Mit uns steigen weitere Passagiere vor dem Hotel aus. Ein junger Mann spricht uns an, fragt, ob wir Geld umtauschen möchten. Das erinnert mich an den Sonnenstrand in Bulgarien. Auch da sprach mich ein gutaussehender, gepflegter junger Mann an. Gottseidank hatte ich nur zwanzig DM bei mir. Später mußte ich feststellen, dass ich nichts als leere Zettel in der Hand hatte. Er rief »Polizei« und weg war er. Mit ihm meine zwanzig DM. 1990 für mich viel Geld. Ähnliches erzählt eine Frau aus dem Schwarzwald, die sich ihre Strandliege neben mir zurecht rückt. Und wie das so ist. Ein Wort gibt das andere. So erfahre ich ein Stück Leben der sympathischen Siebzigerin, während W. und ihr Harald den Strand erkunden. »Wir kannten uns aus der Abiturzeit, waren schwer verliebt, schworen ewige Treue. Harald studierte in England, ich in Berlin. Allmählich wurden die Liebessbriefe an mich weniger – dann gab es kein Lebenszeichen mehr. Obwohl mir Harald nicht aus den Kopf ging, heiratete ich, hatte eine schöne Zeit. Als mein Mann starb, kehrte ich in den Schwarzwald zurück. Eines Tages liefen wir uns wieder über den Weg und waren Wochen später ein Paar. Jetzt genießen wir unsere Liebe, kusseln wie zwei Jungsche.

Herrlich auch unser Tanztee. Wir haben dafür extra einen CD Player gekauft. Jeden Nachmittag liegen wir uns in unserer Kabine in den Armen, singen und tanzen im Takt mit Roy Black, Roger Withaker. Ich kann mein Glück gar nicht in Worte fassen.«

Frisches Obst, Cocktails, kleine Snacks – ertönt es in englisch und deutsch. Ein in Uniform lustig aussehender Kellner serviert stilgerecht. Und das am Strand. Das lassen wir uns gefallen. Mehrmals stürzen wir uns ins »kühle« Nass bei 24 Grad Wassertemperatur. Unweit des Hotels lockt buntes, lautes Markttreiben. »Wir müssen«, meint W. »das Schiff wartet nicht.« »Nur ein paar Fotos« sage ich. Schade, ich hätte mich gern ein bisschen umgesehen, mich verführen lassen von all den afrikanischen Souvenirs, den Korb-und Lederwaren, den farbigen Stoffen.

Eine glückliche und eine weniger glückliche Begegnung

Am späten Nachmittag läuft mir »Miss Europa« über den Weg. Sie strahlt, erzählt von einem entzückenden jungen Mann, den sie heute in Dakar kennengelernt hat, bedauert, dass das Schiff schon wieder unterwegs ist zum nächsten Ziel. »Ich habe ihn zu mir nach Deutschland eingeladen. Zuvor muss ich jedoch zu meinem Schönheitschirurgen. Vor einer Stunde habe ich ihn angerufen, mit ihm schon einen Termin vereinbart« vertraut sie mir an.

Und wie glücklich sie sei, verliebt und gespannt, wie ihre Freundinnen wohl auf ihre neue Errungenschaft reagieren werden.

Ich vertraue auf meine ziemlich gute Kondition, gehe zum Tischtennisturnier, gewinne eine Flasche Proseco – das ist der dritte Preis – die sogleich geköpft wird. Später machen wir einen Schiffsrundgang. Es ist die Stunde, wo der Abend in die Nacht übergeht. Wir nehmen an der Poolbar einen Absacker. Unser Schiff gleitet über das Wasser, der Mond spiegelt sich in den Wellen.

Auf dem Weg zu unseren Kabinen begegnen wir einem Passagier, dessen Gesicht lädiert ist.
Über dem rechten Auge prangt ein großes Pflaster. »Was haben Sie denn gemacht« frage ich. »Ich bin überfallen worden. In der Nähe vom Markt. Mich hielten plötzlich zwei junge Leute fest, ein dritter schlug mir ins Gesicht. Trotz vieler Leute um mich herum, half niemand. Später stellte ich fest: meine Armbanduhr und mein Geld fehlten. Ich erzählte das auf französisch einem Polizisten. Der winkte ab, zuckte mit den Achseln, sagte ›Je ne comprends pas.‹ (ich verstehe nicht) und lief davon. »Natürlich hatte er mich verstanden. Schließlich lebte ich dreißig Jahre in Frankreich. Ein Glück, dass mir nicht mehr passiert ist.«

Werner erlebte ähnliches in Pretoria. Kaum vom Schiff, kreiste ihn eine Gruppe Jugendlicher ein.
Sie zerrten an ihm herum, zerrissen ihm die Hose, suchten in den Taschen nach Geld. Sie gaben sich

schließlich mit den paar Dollars, die Werner in der Brusttasche hatte, zufrieden.

Seitdem habe ich beim Landgang weder eine Uhr, Schmuck, noch eine Tasche bei mir. Ein paar Dollars, Bordausweis und meinen kleinen Fotoapparat verstaue ich in der Hose oder der Jacke. Das Beste jedoch ist, auf heißem Pflaster mit einer Gruppe unterwegs zu sein.

UNSER GUTE-NACHT-RITUAL

Um nicht mit diesen Gedanken in die Koje zu hüpfen, laufen wir nochmals ums Schiff. Es ist nach Mitternacht und noch immer sind 30 Grad. Werner klopft noch einmal an meine Kabinentür.

Er kommt, um mir ein Gutenachtküsschen zu geben, mich zuzudecken. Ein Gutenachtritual, das wir pflegen, seit wir uns kennen. So träume ich in der wohltemperierten Kabine dem Morgen entgegen.

MALHEUR MIT DEN DRITTEN

Wieder einmal ist es so, als würde unser Schiff über Schlaglöcher fahren. Es rumpelt und pumpelt, hohe Wellen klatschen an die Bordwand. Auf den Gängen überall griffbereit Tüten. Dabei verliert ein Passagier seine dritten Zähne. Als er das Malheur bemerkt, ist die Tüte schon entsorgt. Nun sitzt der Unglücksrabe nicht nur seekrank, sondern auch todunglücklich, im Wartezimmer des Bordarztes. Ob der ihm helfen konnte? Höchstwahrscheinlich nicht, denn am Abend, als sich der Atlantik beruhigt hatte, sehe ich ihn im Speisesaal eine Suppe schlürfen. Dieses Mißgeschick mit den Zähnen kam mir auf meinen Schiffsreisen öfter zu Ohren. Und das passiert auch bei spiegelglatter See. Nur mal etwas weiter über die Reeling gelehnt und schon machen die Brille, die Dritten, den Abflug. Ich erinnere mich einer Schwarzmeer-Kreuzfahrt. Einer noch gar nicht mal so alten Dame passierte das Missgeschick. Beide Prothesen fielen ins Mittelmeer. Während wir uns Istanbul anschauten, versuchte sie ihr Glück in einer amerikanischen Zahnklinik.

Zwei Tage, dann hätte sie feine neue weiße Beißerchen gehabt, ließ sie ihre Tischrunde wissen. Erstaunlich, wie gelassen die einstige Postangestellte aus Dresden mit dem Malheur umging. »Da halte ich eben die Hand vor den Mund und esse nur Suppe. Soll ich mir deshalb meinen Urlaub verderben lassen – nee dafür ist der zu schön« sagte sie jedem, der es hören wollte. In Odessa nahm die Dresdnerin einen neuen Anlauf – und strahlt seitdem mit ihren neuen Zähnen mit der Sonne um die Wette. »Paßt, ich kann wieder mapfen, alles ist gut. Der Arzt hat mir zwar gesagt, dass er es nur provisorisch machen könne. Ich merke keinen Unterschied.« Diese Sätze machten auf dem Schiff die

Runde, weckten Ungläubigkeit und solche Bemerkungen wie: naja die Russen – wer weiß, was dahinter steckt …

WETTER, WELLENGANG, KLABAUTERMANN

Achtern sitzt wieder der Gucker. Seit seiner Verlobung sieht er irgendwie noch schnulliger aus als sonst. Knallgelbgrüne Karohose, violettes Shirt, schwarze Schildmütze, weißumrandete große Sonnenbrille. Neben ihm seine Liebste und um ihn einige Passagiere. Er redet von Wind, Wetter, Wellengang, von westlicher Länge, nördlicher Breite, vom Klabautermann, dem unsichtbaren Kobold, der den Kapitän vor Gefahren warnt, den Matrosen hilft, Schabernack treibt, mit Polter- und Bumsgeräuschen auf sich aufmerksam macht, aussieht, wie ein Matrose. Sein Merkmal: Rote Haare, grüne Zähne … Obwohl unsichtbar, habe er ihn schon öfter gesehen, behauptet der Gucker. »Hier auch?« fragt eine nicht ganz schlanke Dame im Bikini. Der Gucker mustert sie mitleidig einige Sekunden, dreht sich weg, stiert wieder schweigend ins Wasser …

»Dafür erlebt ihr mich«

Wir haben Kap Verden hinter uns gelassen. In Mindelo, der Hauptstadt von Sao Vincente, eine der neunzehn Inseln vulkanischen Ursprungs, nahm uns Jimi an die Hand. Ein junger Portugiese. Barfuß, zerschlissene Jeans, knallbuntes Niki, das geflochtene Haar mit einer Federboa geschmückt. Er tänzelte vor uns herum, stimmte ein Lied an, lachte mehr, als er erzählte. Wir hätten selbst Augen im Kopf meinte er, versicherte, dass er eine Reiseführerprüfung gemacht habe, aber wisse, dass die Leute sowieso bald alles wieder vergessen hätten. »Naja, mit Euch will ich mal nicht so sein« sagte er, setzte ein ernstes Gesicht auf und führte uns auf einen Hang, der einen wunderbaren Ausblick auf den Hafen, die Bucht ermöglichte. Wir schlenderten mit Jimi durch den historischen Stadtkern, der an die Kolonialzeit erinnert, bedauerten, dass wir das bunte Karnevalstreiben, das dem brasilianischen sehr nahe kommen soll, nicht erleben können. »Dafür erlebt ihr mich« tröstete uns Jimi. Vor der Kirche blieb er plötzlich stehen. »Wisst Ihr überhaupt, dass unsere Insel einst die sündigste Meile der Welt war?

Hier trafen sich Seeleute aus aller Welt und Prostituierte aller Hautfarben. Heute geht es seriöser zu. Obwohl,« Jimi hielt inne, bat uns näher zu kommen, flüsterte: »Puffs gibt's immer noch.«

Immer noch feixend zog er ein Saiteninstrument aus seiner großen Tasche, entlockte ihm einige weiche Töne, wechselte auf Rock, sang »Mein Papagei frißt keine harten Eier, er ist ein selten dummes Tier …« Er lachte, lachte, lachte … Wir lachten mit … »Adeus, ate logo« sagte er auf Portugiesisch – »Aufwiedersehen, bis bald … auf Deutsch.

Während meiner Reisen lernte ich viele exellente Fremdenführer kennen. Einige mit mangelnden Deutschkenntnissen, andere, die weniger Lust hatten, sich über ihre Chef's mokierten. In Hongkong hatte die Reiseleiterin kaum Worte zu ihrer Stadt, klagte mehr über die Bösartigkeit ihrer Schwiegereltern. Auf Barbados hatte der Reiseleiter uns zwar zum U-Boot gebracht, mit dem wir in den Atlantik tauchten, aber vergessen, uns wieder abzuholen, so dass wir beinahe das Auslaufen unseres Schiffes verpasst hätten. Jimi war für mich wirklich einmalig. Ein bisschen durchgeknallt, liebenswürdig, mit jugendhaftem Übermut seine Heimat Fremden herzlich zu schildern – bei ihm war zu merken, dass er das mit ganzem Herzen tut.

Spiele ohne Grenzen

Es wird Zeit sich wieder mal ins Tanzvergnügen zu stürzen. Das Bordprogramm lädt zu einem vergnüglichen Abend nach dem Motto: »Spiele ohne Grenzen«. Na mal sehen, worauf wir uns da ein lassen. W. ist nicht begeistert, geht mir zuliebe mit. So warten wir bei einer Flasche Rotwein auf die Dinge, die da passieren sollen. Die Band bringt ihre Instrumente zum Klingen und im Nu ist die Tanzfläche bevölkert. W. tanzt nicht. Ich weiß nicht, ob nur mit mir nicht. Wir hatten es vor Jahren versucht, latschten uns auf die Füße. Damit war das Thema für W. gegessen. Also sitzen wir fein brav im Sessel und schauen zu, wie sich andere amüsieren. Nachdem die Stimmung schon ein wenig aufgeheizt ist, betritt ein junges Pärchen das Terrain. Als Moderatoren des Abends suchen sie Mutige für das »Spiel ohne Grenzen.« Erstaunlich für mich, dass mehr Herren als Damen das Spielfieber packt. Da fällt mir ein Spruch von Friedrich Nietzsche ein: »Im echten Manne ist ein Kind versteckt: das will spielen« Zuerst müssen Paare beim Tanzen einen Luftballon zwischen ihren Köpfen zum Zerplatzen bringen. Bei der Stuhlpolonaise verliert ein Passagier fast seine Hose. Welch ein Gaudi. Auch bei der Witzerunde. Auf die Frage der Moderatoren nach weiteren Ideen meldet sich aus dem Hintergrund eine Stimme: Wer kann den besten Orgasmus vortäuschen?

Das Moderatorenpärchen schaut unsicher ins Publikum, das zum überwiegenden Teil den Vorschlag beklatscht. Und so wetteifern drei Herren – einer davon ist ganz rot im Gesicht – um den Lolli.
Das ist der Siegerpreis für jedes Spiel. Der Saal tobt und noch am nächsten Tag ist dieses Spiel ohne Grenzen in vierlei Munde.

Kamelspucke zum Abschied

Vor dem Kabinenfenster taucht der Hafen von Gran Canaria auf. Vis-à-vis vom Hafen liegt der Parque Santa Catalina von Las Palmas, der Hauptstadt der Insel. Hier spielt das Leben. Hier trinken in den Cafe`s unter Palmen Seeleute ihren Whiskey. Hier tauschen Touristen in vielen Sprachen der Welt ihre Erfahrungen aus. Hier bieten Fremdenführer ihre Dienste an. Wir haben einen Ausflug nach Plaja del Ingles gebucht. Zum goldfarbenen sechzehn Kilometer langen Sandstrand. Wir legen uns in den Sand, spielen mit den plätschernden Wellen, lassen den lieben Gott einen frommen Mann sein. »Miss Europa« vom Schiff meint, hier herrsche das gleiche Fludium wie in Florida. Möglich. Obwohl ich eine Stippvisite in Miami hinter mir habe, mag ich es nicht zu beurteilen. Auf alle Fälle ist Plaja del Ingles auch mit den Hotels, Einkaufszentren, Vergnügungsparks einmalig schön.

Abgekühlt, wenn bei 30 Grad Luft- und 25 Grad Wassertemperatur überhaupt von Abkühlung zu sprechen ist, machen wir uns auf den Weg zu den Dünen von Maspalomas. Wir lernen, dass die sechs Kilometer lange und zwei Meter breite Wüste hauptsächlich aus angeschwemmten zerriebenen Korallen und Muschelkalk besteht, der eigentliche Ursprung nicht der Saharasand ist, wie oft angenommen. Obwohl die Saharawinde auch ihre Hand mit im Spiel haben. Jetzt sind wir mitten drin in den Dünen, reiten auf einem Kamel. Ich habe wenig Augen dafür, wie der Wind mit den Dünen spielt, wodurch immer wieder neue Formen entstehen. Mir machen die dünnen Beine des Kamels Angst. Schließlich müssen diese durch bis zu zwei Meter hohe Sandberge stampfen. Das wiederum ist mit ziemlicher Schaukelei verbunden.

Hinzu kommt, dass die Kamelkarawane durch eine Leine verbunden ist. Fällt ein Tier, dann …

Jedenfalls bin ich heilfroh, dass wir den dreißigminütigen Kamelritt unbeschadet überstanden haben. Einmal und nie wieder. Nach dem Abstieg schau ich dem Kamel in die Augen, will danke sagen. Dazu komme ich gar nicht. Mit einem Schwapp Spucke sprüht mich das Kamel ein.

WUNDERBARER DUFT!

Den trage ich auch auf der Bananenplantage mit mir herum. Dem letzten Ziel unseres Ausflugs.

An die 100 Bananensorten soll es weltweit geben. Dreißig davon sind essbar. Die hier in Gran Canaria und auf den anderen Inseln der Kanaren geernteten Bananen schmecken besser als die aus dem Amiland. Das liege an dem Reifegrad, der auf den Kanaren sechs Monate dauere, in Amerika nur drei Monate. Das wiederum hänge mit dem Klima zusammen, erläutert der

Plantagenbesitzer, der uns zum Abschied mit Babybananen füttert. Ein köstlicher Leckerbissen.

Einstein – ein guter Ratgeber

Heute, am 21. Februar – wir liegen in Santa Cruz – schmückt sich das Bordprogramm mit einem Spruch von Albert Einstein: »Das Leben ist wie ein Fahrrad. Man muss sich vorwärts bewegen, um das Gleichgewicht nicht zu verlieren.« Also bewegen wir uns. Keine Busfahrt auf Teneriffa. Der Insel, auf der man an ein und demselben Tag Bananen pflücken, eine Schneeballschlacht veranstalten, im Atlantik schwimmen kann. Spaziergang zum Stadtpark lautet unser Ziel. Ich hatte der Karte nach zu urteilen gedacht, der liegt gleich um die Ecke. Nach 45 Minuten endlich bewundern wir die prächtige Blumenuhr, erfreuen uns an der tropischen Vielfalt – machen eine Siesta, die uns gut tut, zumal eine kühle Brise weht. Der Prachtboulevard weckt natürlich auch mein Interesse. W. stöhnt, läuft mit, setzt sich auf eine der vielen Bänke, während ich die Läden inspiziere.

Männer sollen ein Viertel ihres Lebens mit Warten vor Einkaufszentren verbringen. Das habe ich irgendwo gelesen.

Schließlich kaufe ich eine Flasche Mokka-Likör. »Die hättest Du auch in Leipzig bekommen,« meint Werner.

Beinahe das Schiff verpasst

»Ich habe ungeschliffene Edelsteine günstig erstanden« erzählt der Gucker, den wir wieder Achtern treffen. Er sei fix und fertig. Seine Liebste läge schon flach, sagt er und: »Wir waren auf dem schneebedeckten Pico del Teide. Über 3.000 Meter hoch. Meine Liebste hatte gedrängelt. Ich wäre nie auf die Idee gekommen. Um welche Kurve der Bus auch fuhr, wir hatten den Berg zumeist im Blick. Vom Bus ging es in die Schwebebahn. Ich muss zugeben, dass das beeindruckend war. Auf den Gipfel darf man nur mit Sondergenehmigung. ›Komm, lass es uns dennoch versuchen. Ich möchte in den Schlund gucken,‹ bettelte sie. Also marschierten wir los. Die Luft wurde immer dünner, der Schwefelgeruch immer ätzender. Ich drängte zur Umkehr. Sie marschierte weiter. Ich hinter her. Ein Blick auf die Uhr, wir müssen zurück. Endlich gab sie nach. Das Ende vom Lied?

»Wir hatten uns verlaufen, erreichten mit Mühe und Not die letzte Schwebebahn. Ich dachte, ich krieg ´nen Herzinfarkt. Ich habe die Schnauze gestrichen voll,« gesteht der Gucker. Es gab dadurch den ersten richtigen Krach mit seiner Liebsten. »Darauf müssen wir einen trinken« meint er. Etliche Stunden später sagen wir Gute Nacht. Der Gucker bleibt – er hält Zwiesprache mit seinem Freund Peter. Beide fuhren zur See. Eine Monsterwelle hatte Peter vor zig Jahren von Bord gespült. Ich erwähnte das ja bereits.

Fischmarkt-Trubel in Agadir

Lanzerote – für mich die kargste Insel der Kanaren, viele lieben sie wegen ihrer Gegensätze – haben wir hinter uns gelassen. Nun setzen wir den Fuß auf die marokkanische Hafenstadt Agadir im Atlantik. In einer Reisefibel an Bord hatte ich gelesen, dass Agadir am 29. Februar 1960 durch ein Erdbeben völlig zerstört wurde. An die 15.000 Menschen verloren ihr Leben. Jahre später, südlich des Katastrophengebiets, entstand ein neues Agadir.

Fünf Stunden Landgang, da lohnt kein Ausflug. So spazieren wir im Hafen über den Fischmarkt, nehmen das turbulente, laute Treiben in uns auf, das mit einer Fischauktion einhergeht.

Kraken, Garnelen, Sardinen, Riesenfische starren uns mit ihren toten Augen an. »Gugge, das sind klene Haie,« behauptet ein Dresdner. Ein Franke zählt die Arme einer Riesenkrake, lobt Stör Kaviar.
Da der Geruch durch die Hitze nicht gerade einladend ist, ziehen wir von dannen, machen es uns an Deck gemütlich, lesen die neueste Bordzeitung, reden über Casablanca, beobachten die Ausfahrt aus dem modernen Hafen von Agadir …

Schau mir in die Augen, Kleines

Schon von weitem grüßt das höchste Bauwerk Marokkos, die Moschee »Hassan des II.« 200 Meter ragt das Minarett in den Himmel. Von da weist ein Laserstrahl gen Mekka. 25.000 Gläubige finden in der Moschee Platz. Wir nehmen uns im Hafen eine Taxe. Außerhalb ist sie billiger, aber nicht immer sicher. Schließlich treffen wir auf einen berlinerisch sprechenden Marokkaner, mit dem wir eine Stadtrundfahrt unternehmen. An der Moschee öffnet sich eine Tür. Gläubige strömen zu Hauf heraus – wir lugen hinein in eine für uns fremde geheimnisvolle Welt, die wir aus Zeitgründen nicht erkunden können. Wir fahren durch ein Neubaugebiet, ein Villenviertel, spazieren mit dem Taxifahrer zu den Badestränden, für die Eintritt zu zahlen ist, bestaunen die maurischen Paläste, fotografieren die Wassermänner in ihren Trachten. Ihre bunten Lederbeutel sind mit Wasser gefüllt. Gegen Bares gießen sie das köstliche Nass in Messingtöpfe.
Wir stehen vor der hohen Mauer des Königspalastes, nehmen das Schild zur Kenntnis, das die Todesstrafe verspricht, dringt man in die innere Festung ein. Dazu haben wir natürlich keine Lust und so tauchen wir ein in die alte Medina – einem Labyrinth von Läden, Restaurants, Buden.

»Ick berate Euch, wenn Ihr was kaufen wollt, handle den Preis aus,« sagt der uns begleitende Taxifahrer Abu.

Berlin sei 'ne Wucht gewesen, schwärmt er. »Der Alex, das Brandenburger Tor, 'ne Molle – das waren Zeiten, als ick mit der Taxe Berliner und Ausländer chauffierte« seufzt er aus tiefster Brust.

Eigentlich habe ich genügend Souvenirs, aber Abu zuliebe, der richtig aufblüht, als ich mein Interesse für eine gehämmerte Schale bekunde. »Schau mir in die Augen Kleines«, sagt der Handwerker verlangt zehn Euro. Ein stolzer Preis. Abu strahlt übers ganze Gesicht. Zum Abschied überreicht er mir den Blumenstrauß, den er in der Medina erwarb. »Du sollst an mich denken, Kleines«, meint der ergraute Taxifahrer, den wir am liebsten auf einen Drink mit aufs Schiff gehievt hätten. Doch der Landgang in Casablanca ist passe.

Die Gangway wird eingezogen, vom Mast weht der blaue Peter, wir nehmen Kurs auf Gibraltar.

Brückenparty bei Gibraltar

Der Kapitän hat am Abend zur Gibraltar-Passage einige Passagiere auf die Brücke geladen. Der Hotelmanager und zwei seiner Leute kredenzen Champagner, kleine Snacks. Wer will, kann Bier trinken, Wasser, Cola, Rotwein. Der Kapitän nennt ein paar Koordinaten der 14 bis 44 Kilometer breiten und 60 Kilometer langen Meerenge zwischen Atlantik und Mittelmeer, die als die meist befahrenste Straße der Welt gilt. Er spricht von den Winden, die hier oft vorherrschen. Uns verschont Neptun, sodass ein jeder dieses Gibraltar-Erlebnis auf seine Weise genießen kann. Für uns auf der Brücke werden Ferngläser gereicht – ein Offizier erläutert die Landumrisse auf marokkanischer Seite, ein anderer verweist auf den 426 Meter hohen Kalksteinfelsen, also Gibralatar, auf dem Berberaffen leben. Über 300 Jahre ist die Insel schon in britischer Hand. Ihre Herrschaft endet, so behaupten es Kenner der Szene, sobald der letzte Affe die Insel verlassen hat.

»Schwimmen in der Meerenge auch Fische«, fragt eine Hamburgerin, die zuvor das Glas erhebt auf Kapitän und Besatzung.»Aber sicher, gnädige Frau. Dazu gehören verschiedene Delfinarten, Haie, Grind- und Pottwale. Sogar ein Finnwal – er soll der zweitgrößte Fisch sein – haben wir schon ausgemacht. Um die Tiere zu schonen, drosseln wir hier auf 13 Knoten, das sind etwa 25 Kilometer die Stunde.« Es kommt Nebel auf. Wir bedanken uns für die Brückenparty. Für uns ist sie fast schon Normalität, während einige Passagiere sie zum ersten Mal erleben.

Tschüss dem Gucker und Klabautermann

Achtern sitzt wie immer der Gucker. Neben ihm seine Liebste. Sie haben sich wieder vertragen. Die beiden Turteltauben. Wir sagen Tschüss – der Gucker springt auf, umarmt uns, Worte des Abschieds sprudeln aus ihm heraus. »Wir laden Euch zur Hochzeit nach Berlin ein – Ihr müsst unbedingt dabei sein« fordert er. Wir trinken einen letzten Whiskey auf die Seefahrt. »Auf die romantische Seefahrt« frage ich. »Nee, die gibt's ja gar nicht. Zugegeben für Kreuzfahrer ja, da gibt es hier und da romantische Momente, für uns alte Seebären heißt Seefahrt harte Arbeit, Entbehrungen,« belehrt mich der einstige Bootsmann und deklamiert plötzlich Christian Morgenstern`s Brief einer Klabauterfrau an ihren Liebsten:

Mein lieber und vertrauter Mann,
entsetzlicher Klabautermann.
Ich danke dir, für was du schreibst,
und dass du noch vier Wochen bleibst.
Die »Marfa« ist ein schönes Schiff,
vergiß nur nicht das Teufelsriff.
Ich lebe hier ganz unnervos,
denn auf der Elbe ist nichts los.
Bei einem Irrlicht in der Näh,
trink manchmal ich den Fünf-Uhr-Tee,
doch weil sie leider böhmisch spricht,
verstehen wir einander nicht.

1.6.04
Stadt Tratenau,
Deine getreue Klabauterfrau

Ich verbeuge mich vor dem Gucker. Werner gibt ihm die Hand, sagt: »Du wirst uns fehlen« – ich füge hinzu bleib gesund, grüß bitte die Wellen von mir, die mich immer wieder aufs Neue faszinieren …

ABSCHIED UND ORCHIDEEN

Zum letzten Mal laufen wir nachts den Gang entlang zu unseren Kabinen. Morgen früh, in Malaga, gehen wir von Bord. Werner, der sonst gern ein bisschen länger mit den Kissen kuschelt, klopft beizeiten an meine Tür. »Komm wir machen noch einen Rundgang durchs Schiff, ehe wir zum Frühstück gehen.« In der Bibliothek setze ich mich noch einmal auf meinen Lieblingssessel, im Kapitänsclub wische ich mit meiner Hand über den Tresen, sage in Gedanken, ade …

Ein letztes Frühstück und eine letzte Überraschung: an der Gangway steht nicht nur der Kapitän mit seinen Offizieren, um die abreisenden Passagiere zu verabschieden. Auch der Gucker ist da mit einem Riesenstrauß Orchideen. »Für Dich« strahlt er mich an, gibt mir einen Kuss …

Wehmütig betrete ich die Stufen der Gangway – zwölf Stunden später hat uns in Leipzig der Alltag wieder.

ENDE

Schönheit auf den Komoren

Kindergruppe auf der Insel Nosy Komba

Zwiesprache

In Maputo, der Hauptstadt von Mocambique

Am Strand von Mauritius

Wenn im Indischen Ozean die Sonne im Meer versinkt

Im Hafengelände von Kapstadt

Auch das ist Kapstadt

Der Tafelberg von Kapstadt

Der Tafelberg in Kapstadt trägt einen Nebelhut

An vielen Ecken in Kapstadt singst's und klingst's

Zulus in ihren Trachten

Wer ist hier der Schlangenbeschwörer?

Kapitän und Hoteldirektor beschenken Neptun

Sonnenbaden im Hafen von Kapstadt

Am Kap der guten Hoffnung

In Namibias einstiger Diamantenstadt wurde auch gekegelt

Die Dünen in Namibia sollen die höchten der Erde sein

Namibias Wüstenpflanze "Welwitschia mirabilis" kann 2000 Jahre alt werden. Sie lebt von Tau und Nebel.

Verlassene Goldmine

Werner Heiduczek am Grab von Napoleon auf St. Helena

Longwood House, Napoleons Wohnhaus im Exil auf St. Helena

In einem der Privatzimmer des Kaisers

Auf St. Helena

Autorin Traudel Thalheim auf St. Helena

Jakobsleiter auf St. Helena

Flirt mit Hundertjähriger

Extrembergsteiger Hans Kammerlander hielt an Bord einen Vortrag

Schlagersänger Andreas Holm mit einer Crew-Mitarbeiterin

Attraktiv das Regierungsgebäude auf Cran Canaria

Indonesischer Seemann fertigt eine Eisfigur für die Mitternachtsparty

Kleines Museum in Praia auf der Kap Verdischen Insel Santiago

Fischparade am Strand

Mondlandschaft

Familienzwist

Drachenbaum angeblich 1000 Jahre alt in Icod de los Vinos auf Teneriffa

Fotos: Traudel Thalheim (33), Alfred Strauch (4)